Angelika Schwarzrock

Artischockentechnik

Neue Motive mit Bändern

ENGLISCH VERLAG

Die Deutsche Bibliothek - CIP-Einheitsaufnahme
Artischockentechnik: neue Motive mit Bändern / Angelika Schwarzrock. - Wiesbaden:
Englisch 1995
ISBN 3-8241-0617-5

ISBN 3-8241-0617-5
Fotos: Axel Weber
Printed in Germany

Inhaltsverzeichnis

Artischockentechnik - immer wieder neu

Die Artischockentechnik ist sehr vielseitig. Nicht nur durch eine reichhaltige Auswahl an schönen Schleifenbändern und Dekorationsmöglichkeiten, sondern auch durch die vielen verschiedenen Möglichkeiten, die Bänder anzuordnen, ergeben sich immer wieder neue Gestaltungsvariationen. Mit ein wenig Phantasie können Sie ganz leicht Ihre eigenen Kreationen schaffen: Spielen Sie ruhig einmal mit Quadraten, Dreiecken, Rüschen und Farben. Es ist leichter als Sie denken!

Dieses Büchlein soll Ihnen helfen, mit genauen Arbeitsanleitungen die neuen, von mir entworfenen Steck- und Legetechniken nachzuarbeiten. Es soll Sie aber auch dabei unterstützen, Ihren eigenen Stil zu finden.
Aus diesem Grunde habe ich ganz bewußt auf genaue Angaben zu Dekorationsaccessoires verzichtet.
Und nun wünsche ich Ihnen viel Spaß beim Anschauen, Aussuchen und Nacharbeiten dieser hübschen Patchwork-Kugeln und Kränze!

Angelika Schwarzrock

Material und Werkzeug

Zur Herstellung dieser dekorativen Patchworkkreationen benötigen Sie als Grundausstattung folgendes Material:

- viele Stecknadeln, 18 mm
- Styroporkugeln und -kränze
- Schleifenband, uni und gemustert, 25-40 mm breit
- Schere
- verschiedene Accessoires (Perlen, Kordeln, kleine Tiere, Textilblumen usw.)
- Heißklebepistole oder für Styropor geeigneten Klebstoff

Bei den einzelnen Motiven finden Sie genaue Materialangaben zu Bändern sowie Styroporkugeln und -kränzen. Allerdings habe ich keine Angaben über Bändchen zum Aufhängen, zusätzliche Schleifendekorationen usw. gemacht, weil die Geschmäcker hier sehr unterschiedlich sind. Bitte kaufen Sie also unbedingt mehr Band als angegeben.

Quadrate stecken

Bei fast allen der vorgestellten Kugeln und bei einigen Kränzen wird dieses Quadrat benötigt. Ich empfehle Ihnen, diese Technik vorab zu üben. Anhand des Fotos erkläre ich nachstehend die einzelnen Schritte:

1. Schlagen Sie die obere Kante nach hinten um.
2. Falten Sie das Band von der oberen Kante senkrecht nach unten, so daß ein Dreieck entsteht (das Band liegt oben).
3. Von der linken Spitze ausgehend legen Sie das Band waagerecht nach rechts.
4. Nun knicken Sie das Band von unten nach oben (der rechte Rand von Schritt 2 trifft auf den linken Rand von Schritt 4).
5. Entlang von Schritt 1 schneiden Sie das Band schräg ab.
6. Öffnen Sie den Falz von Schritt 1, und legen Sie das abgeschnittene Ende darunter. Schließen Sie den Falz wieder.

Kugeln

Frühlingszauber

Aus einer Kugel können Sie ganz einfach ein fröhlich-buntes Osterei herstellen.

Material (für eine Kugel)
- 1,90 m Band, uni, 25 mm breit
- 1,90 m Band, uni, 25 mm breit
- 1 Styroporkugel, ø 10 cm

Anleitung (rechte Kugel)
Falten Sie ein Quadrat und befestigen Sie es mit vier Stecknadeln.
Setzen Sie nun vier Dreiecke in der zweiten Farbe über die Mitte der Seiten.
Jetzt folgen vier Dreiecke der ersten Farbe. Stecken Sie diese über die Ecken des Quadrates. Behalten Sie aber die Höhe der vorigen Runde bei.
Stecken Sie ca. 1 cm darunter wieder Dreiecke in der zweiten Farbe.
Nach insgesamt acht Reihen haben Sie die Mitte der Kugel erreicht.
Arbeiten Sie die Rückseite genauso.
Kleben Sie ein doppelt gelegtes Band über die Naht.
Dekorieren Sie die Kugel nach Ihrem Geschmack.

Anleitung (linke Kugel)
Beginnen Sie mit einem Quadrat.
Setzen Sie acht Dreiecke in einer Farbe über das Quadrat wie zuvor beschrieben.
Die Dreiecke der nächsten Runde setzen Sie fortlaufend in einer anderen Farbe darüber.
Achtung: Das letzte Dreieck wird unter das erste geschoben.
Folgen Sie weiter der Anleitung von der rechten Kugel.

Sommerkugeln

Material (für eine Kugel)
- 1,60 m Band, uni, 25 mm breit
- 1,20 m Band, gemustert, 25 mm breit
- 1 Styroporkugel, ø 10 cm

Anleitung
Für die linke Kugel falten Sie ein Quadrat, und stecken Sie es an vier Seiten auf der Kugel fest.
Stecken Sie jetzt entlang der Längsseiten des Quadrates je ein Dreieck aus gemustertem Band.
Setzen Sie über die Spitzen des Dreiecks (gleiche Höhe wie gemustertes Band) unifarbene Dreiecke.
Achtung: Eine Seite des Dreiecks wird nach vorne gefaltet!
Nach drei Runden stecken Sie die Farben versetzt auf.
Den Abschluß bilden vier dicht aneinandergesetzte unifarbene Dreiecke.
Darauf setzen Sie wieder ein Quadrat. (Nadeln verdeckt in die Öffnungen setzen.)
Lassen Sie Ihrer Phantasie beim Dekorieren freien Lauf.
Die rechte Kugel wird genauso gearbeitet wie die linke. Allerdings stecken Sie unifarbene und gemusterte Dreiecke nicht versetzt auf.

Blüte

Bei dieser Blüte können Sie sehr gut Ihre Bandreste verwenden.

Material

- ca. 5 m Band, uni, 25 mm breit (verschiedene Farben)
- für eine Runde aus 8 Dreiecken benötigen Sie 40 cm Band
- 1 Styroporkugel, ø 10 cm
- 70 cm dünnen Silberdraht

Anleitung

Fertigen Sie ein Quadrat, und stecken Sie es auf der Kugel fest.
Nun legen Sie 8 Dreiecke fortlaufend um das Quadrat (siehe Abbildung).
Stecken Sie noch vier Runden in verschiedenen Farben.
Arbeiten Sie nun gegengleich die Rückseite der Kugel.

Erstellen Sie einen Rüschenkranz wie folgt:

- Ziehen Sie den Draht wie einen Faden durch eine Nähnadel.
- Legen Sie Ihr Band doppelt, und ziehen Sie die Nadel unmittelbar am Knick durch das Band. Entscheiden Sie selbst, wie dicht Ihr Rüschenkranz werden soll.
- Legen Sie den Kranz gemäß der Abbildung um die Kugel, und verdrehen Sie die Drahtenden.

Stecken Sie den Kranz zusätzlich mit einigen Nadeln in den Rüschen fest.
Fertigen Sie eine kleinere Rüsche, und befestigen Sie diese am unteren Ende.
Mit einer Schleife oder Kordel runden Sie das Bild ab.

Blume

Diese Blume mit Blütenkelch und Stiel ist eine reizvolle Dekoration (nicht nur für Ihr Blumenfenster).

Material

- ca. 3 m Band, uni, 25 mm breit (Blüte)
- 70 cm Band, uni, 25 mm breit (Blüte)
- ca. 1,5 m Band, grün, 25 mm breit (Kelch und Stiel)
- 1 Styroporkugel, ø 10 cm
- ca. 50 cm dünnen Silberdraht

Anleitung

Befestigen Sie ein Quadrat in der Hauptfarbe der Blüte auf der Kugel.

Stecken Sie sieben Dreiecke der zweiten Farbe fortlaufend um das Quadrat herum.

Achtung: Knicken Sie eine Seite des Dreiecks nach vorne, damit die Blüte füllig wirkt.

Setzen Sie die Dreiecke der zweiten Runde zwischen die ersten.

In der dritten Runde (2. Farbe) stecken Sie die Dreiecke unter die ersten (wieder eine Seite des Dreiecks nach vorne umschlagen).

Arbeiten Sie noch 5 Runden in der Hauptfarbe weiter (keine Gegenfaltung mehr vornehmen).

Nun stecken Sie den Rest der Kugel als Kelch in Grün.

Ein grünes Quadrat bildet den Abschluß.

Fertigen Sie einen Rüschenkranz an, ohne das Band doppelt zu legen (siehe Modell „Blüte“).

Stecken Sie diesen gemäß der Abbildung auf der Kugel fest.

Fertigen Sie eine großzügige Schleife an, und befestigen Sie diese ebenfalls mit einigen Nadeln am Kelch.

Rondell

Wie ein Rad legen sich die Dreiecke um die Vorder- und Rückseite dieser Kugel. Die Abbildung zeigt die Seite dieser faszinierenden Technik.

Material

- 1,90 m Band, uni, 40 mm breit
- 1 m Band, gemustert, 40 mm breit
- 1 Styroporkugel, ø 10 cm
- Dekorationsaccessoires für Vorder- und Rückseite

Anleitung

Kennzeichnen Sie zwei gegenüberliegende Mittelpunkte auf der Kugel.

1. Ordnen Sie zwei Dreiecke waagerecht von einem Mittelpunkt zum anderen an.
2. Setzen Sie ein gemustertes Dreieck über den Treffpunkt der beiden vorherigen.
3. Die nächsten beiden Dreiecke setzen Sie wieder waagerecht an. Wichtig ist, daß die äußeren Enden auf den vorigen liegen. Auf der Abbildung ist schon sehr gut der „Rädereffekt“ zu erkennen.

Stecken Sie insgesamt 13 Reihen wie zuvor beschrieben fest (13 gemusterte Dreiecke, 26 unifarbene).

Verzieren Sie die Mittelpunkte der Vorder- und Rückseite.

1.

2.
3.

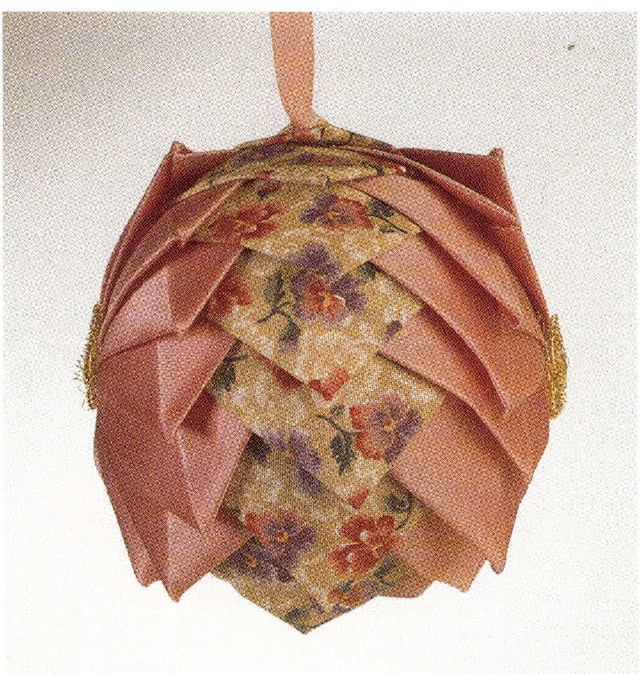

Federkugel

Eine weitere Blütenform mit außergewöhnlichen Effekten ist diese Kugel. Durch die Verwendung weicher Bänder erhält sie ein „duftiges", fülliges Aussehen.

Material

– 1,50 m Band, uni, 40 mm breit (mittlere Umrandung)
– 1,20 m Band, uni, 40 mm breit (äußerer Kranz auf Vorder- und Rückseite)
– 70 cm Band, uni, 25 mm breit (innerer Kranz auf Vor- und Rückseite)
– 1 Styroporkugel, ø 10 cm
– Dekorationsaccessoires

Anleitung

Beginnen Sie mit dem mittleren Kranz: Falten Sie Dreiecke, aber legen Sie eine Seite nach vorn. Danach stecken Sie einen Ring um den Kugelumfang. Die Dreiecke werden leicht zickzackmäßig angeordnet.

Aus acht Dreiecken bilden Sie auf der Vorderseite einen Kreis (Faltung wie zuvor). Legen Sie die Dreiecke fortlaufend übereinander. Darüber stecken Sie acht Dreiecke aus dem schmalen Band.

Verzieren Sie die Mitte mit einer Rüsche und Federn.

Arbeiten Sie die Rückseite gegengleich.

Paddy

Ist dieser kleine Schelm nicht niedlich? „Paddy" sollte in keinem Kinderzimmer fehlen. Vielleicht fertigen Sie gleich zwei bis drei kleine „Paddys" und hängen sie als Mobile auf?

Material

- 2 m Band, uni, 40 mm breit
- 4 m Band, uni, 25 mm breit
- 1 m Band, gemustert, 40 mm breit
- 1 Styroporkugel, ø 10 cm
- einige Federn
- 2 runde Glassteine als Augen (ø ca. 1 cm)
- etwas Ringelband

Anleitung

Legen Sie 27 Dreiecke ringförmig um die Kugel. Stecken Sie dabei die unterschiedlich breiten Bänder (uni) abwechselnd fest.

Arbeiten Sie die Kugel zu Ende, wie bei der Kugel mit Rüschen beschrieben. Den Farbwechsel entnehmen Sie der Abbildung. Befestigen Sie gemäß der Abbildung zwei verschieden lange Bänder. Kleben Sie darauf die Augen.

Über die Bänder kleben Sie nun einige Federn als Haare.

Fertigen Sie drei kleine Rüschen an, und stecken Sie diese oben fest. Eine aufwendige Schleifendekoration und einige Ringelbänder bilden den Abschluß.

Kränze

Kranz mit Blüten

Bei diesem Kranz fallen vier verschiedene Steckrichtungen ins Auge.

Material

– 5 m Band, uni, 25 mm breit
– 2 m Band, uni, 25 mm breit
– 1 Styroporkranz, ø 20 cm
– Accessoires

Anleitung

Teilen Sie den Kranz mit Hilfe eines Bandes in vier gleiche Teile (Bandbreite markieren!).
Schneiden Sie nun 5 cm Bandabschnitte von beiden Bändern ab.
Falten Sie zwei der einen und eins der anderen Farbe zu Dreiecken.
Stecken Sie das 1. und das 2. Dreieck (eine Farbe) so an den Rändern des Kranzes fest, daß 1. die Spitzen eine Markierung verdecken und 2. die Enden der Dreiecke in der Mitte aufeinandertreffen.
Darauf setzen Sie ein Dreieck der 2. Farbe.
Füllen Sie auf diese Weise ein Viertel des Kranzes aus. Verfahren Sie mit den anderen Vierteln ebenso, aber beachten Sie die verschiedenen Steckrichtungen (siehe Abbildung).
Verdecken Sie die nun offenen Stellen mit 12 cm Bandabschnitten.
Am inneren und äußeren Rand stecken Sie ein Band um den Kranz herum, wie unter „Romantischer Kranz“ beschrieben.
Verzieren Sie den Kranz nach Belieben.

Romantischer Kranz

Dieser Kranz erhält durch seine ausgefallene Stecktechnik eine ganz besondere „Tiefenwirkung“.

Material

– 4,10 m Band, uni, 25 mm breit
– 1,95 m Band, gemustert, 25 mm breit
– 1 Styroporkranz, ø 17 cm

Anleitung

1. Stecken Sie am inneren Rand unifarbenes Band auf dem Kranz fest (1 cm schaut über den Rand hinaus).
2. Schneiden Sie den Rand von der Unterseite bis zum Kranz ein.
3. Befestigen Sie die einzelnen Abschnitte mit je zwei Nadeln.
4. Nun stecken Sie an der Oberseite 13 unifarbene Dreiecke fortlaufend fest.
5. Mit ca. 1 cm Abstand stecken Sie nun eine Runde gemusterte Dreiecke auf.

Den 4. und 5. Schritt wiederholen Sie noch zweimal.

In der letzten Reihe befestigen Sie 26 Dreiecke (immer eins in die Lücken setzen).

Um den äußeren Rand stecken Sie nun noch ein Band und befestigen dieses an der Unterseite, wie bereits beschrieben. Dekorieren Sie den Kranz nach Ihrem Geschmack, z. B. mit einem Ziervogel und einer Blüte.

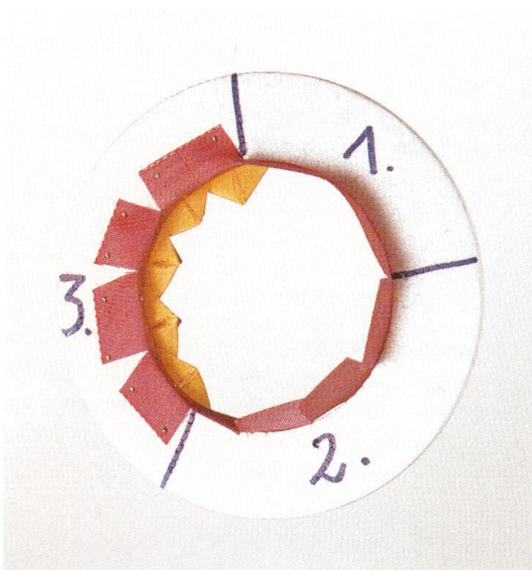

Kranz mit Sternmuster

Dieser Kranz unterscheidet sich nicht nur durch die Verwendung breiterer Bänder von dem romantischen Kranz. Auffällig ist auch die völlig andere Stecktechnik, die diesem Kranz ein sternförmiges Aussehen verleiht.

Material

- 4 m Band, uni, 40 mm breit (Hauptfarbe)
- 70 cm Band, uni, 40 mm breit
- 70 cm Band, gemustert, 40 mm breit
- 1 Styroporkranz, ø 17 cm

Anleitung

Arbeiten Sie die Schritte 1-3 des „Romantischen Kranzes" nach. Befestigen Sie nun 5 unifarbene Dreiecke am inneren Rand so, daß die Enden knapp übereinanderliegen.
In der nächsten Reihe liegen die

Dreiecke über den Enden der Vorrunde.
Zwei weitere Reihen arbeiten Sie genauso mit gemustertem Band. Dabei liegen die Dreiecke der dritten Runde über denen der ersten.

Wiederholen Sie noch sechs Runden mit den unifarbenen Bändern nach demselben Schema.
Über die letzte Runde kleben Sie ein Band und befestigen es auf der Rückseite wie beim romantischen Kranz beschrieben.

Kranz mit Blumen

Wenig Aufwand – große Wirkung. Vier unterschiedliche Steckrichtungen, wenig farbiges Band und etwas Deko geben diesem Kranz ein besonderes Flair.

Material
- 5 m Band, uni, 40 mm breit
- 70 cm Band, gemustert, 40 mm breit
- 1 Styroporkranz, ø 17 cm
- Dekorationsaccessoires

Anleitung
Unterteilen Sie den Kranz mit Hilfe eines Bandes in vier gleiche Teile. Befestigen Sie nun vier ca. 10 cm lange Bandabschnitte auf den Markierungen, und stecken Sie sie auf der Rückseite fest.
Falten Sie aus 7 cm Bandabschnitten Dreiecke und stecken diese gemäß der Abbildung auf den Kranz (Steckrichtungen beachten!). Lassen Sie die Dreiecke soweit über die zuvor aufgesteckten Bänder ragen, daß die Spitzen der Dreiecke die Mitte treffen.
Zum Schluß legen Sie ein Quadrat und befestigen dieses verdeckt gesteckt auf dem unteren Kranzabschnitt.

Kranz „modern line“

Ein modischer Kranz mit außergewöhnlichem Zusatzeffekt: Die unifarbenen Linien werden von links nach rechts schmaler.

Material

- 3 m Band, uni, 25 mm breit
- 3,60 m Band, gemustert, 25 mm breit
- 1 Styroporkranz, ø 17 cm
- Accessoires

Anleitung

1. Befestigen Sie das erste Dreieck so am inneren Rand, daß sowohl die Spitze als auch die rechte untere Kante des Dreiecks waagerecht liegen.
Legen Sie weitere drei Dreiecke fortlaufend von rechts nach links, schräg nach oben verlaufend.
2. In einer anderen Farbe stecken Sie nun die nächste Reihe darunter.
3. Fahren Sie so fort, bis der gesamte Kranz belegt ist.

Tip: Setzen Sie nur einige farbige Linien. Eine gewisse Unregelmäßigkeit der Streifenanordnung läßt diesen Kranz noch interessanter wirken.

Kranz „Paradies“

Erkennen Sie die dreifarbige Schlange, die sich über eine bunte Blumenwiese schlängelt? Eine nicht ganz alltägliche Variante, die nicht nur ein Kinderzimmer schmücken kann.

Material

- 3,50 m Band, gemustert, 40 mm breit (Wiese)
- 70 cm Band, einfarbig, 40 mm breit
- 70 cm Band, einfarbig, 40 mm breit
- 1,10 m Band, einfarbig, 40 mm breit
- 1 Styroporkranz, ø 17 cm
- 2 Linsenperlen für die Augen

Anleitung

Fertigen Sie diesen Kranz wie bei „modern line“ beschrieben. Aber: Setzen Sie die ersten drei Dreiecke nach folgendem Schema:

1. Farbe 1 (Schlange)
2. Farbe 2 (Wiese)
3. Farbe 3 (Schlange)

Durch den schrägen Ansatz der ersten Reihe laufen die Farben automatisch zum äußeren Rand. Nach jeder dritten Reihe beginnen Sie am inneren Rand mit einer anderen Farbe (Schlange, Wiese, Schlange).

Wenn der Kranz ganz mit Dreiecken bedeckt ist, stecken Sie gemäß der Abbildung zwei Linsenperlen als Augen fest.

Befestigen Sie als Schwanzende ein Dreieck am hinteren, oberen Rand. Aus einem Stück rotem Band oder Filz schneiden Sie eine geteilte Zunge und stecken diese unter dem Kopf fest.

Kranz mit Quadratmuster

Wenn Sie Gefallen an Quadraten gefunden haben, stellt dieser Kranz eine echte Herausforderung für Sie dar.

Material

- 5,20 m Band, uni, 25 mm breit
- 1,80 m Band, uni, 25 mm breit
- 1 Styroporkranz, ø 20 cm

Anleitung

Stecken Sie zwei Quadrate waagerecht über den Kranz. Dabei treffen zwei Ecken in der Mitte aufeinander.
Schieben Sie am äußeren und inneren Rand je ein Dreieck etwas darunter, und stecken Sie es mit einer Nadel fest.
Jetzt fertigen Sie wieder zwei Quadrate an und setzen sie so über die ersten, daß am inneren Rand das erste bis etwa zur Hälfte verdeckt ist. Am äußeren Rand treffen die Spitzen auf die Ecken des vorigen Quadrats.
Dann folgen wieder Dreiecke, wie zuvor beschrieben.
Fahren Sie in dieser Weise fort, bis der Kranz vollständig bedeckt ist.
Über die rautenförmigen Lücken auf der Oberseite stecken Sie Quadrate, wie auf der Abbildung zu sehen, fest.
Befestigen Sie am inneren und äußeren Rand einen Bandstreifen.
Lassen Sie Ihrer Phantasie beim Ausschmücken freien Lauf.

René Gogue

Die Arbeit an der Longe

Müller Rüschlikon

Umschlagfoto: Jan Cousin

Titel des französischen Originals: Travail Méthodique du Cheval à la Longe

Die Übersetzung erfolgte durch Helen Stäubli.

ISBN 3-275-01119-7

3. Auflage 1995.

Satz: Vaihinger Satz & Druck, D-71665 Vaihingen
Druck: Gulde, D-72070 Tübingen
Bindung: Karl Dieringer, D-70839 Gerlingen

Printed in Germany

Zum Andenken an meinen Vater,
dem ich zehn wundervolle Jahre verdanke,
und in Erinnerung an die Generäle
Lafont, Wattel und Decarpentry:
Mit ihrem Beispiel und ihren Ratschlägen
wurden sie zu meinem Ideal.
In Zuneigung und Dankbarkeit.

Inhaltsverzeichnis

Vorwort zur deutschen Ausgabe

Um es gleich vorweg zu sagen: René Gogue, der als Offizier in Saumur ritt, steht als Reiter, Lehrer, Ausbilder und kritischer Beobachter der internationalen reiterlichen Szene in der Tradition der Verfechter wahrer klassischer Reitkunst, die er vor weiterem Niedergang bewahren möchte. Auf ihn, den Trainer zahlloser Spring- und Militaryreiter in Frankreich, trifft Pluvinels Charakterisierung eines »Bel Homme de Cheval« zu, eines Reiters, der es versteht, das Pferd zu einer Zusammenarbeit ohne Zwang zu bewegen, aus der allein sich die Reitkunst entwickeln kann.

In seinem Buch »Travail Méthodique du Cheval à la Longe« (1978 in Paris erschienen) hat Gogue die Erfahrungen von beinahe vierzig Jahren verarbeitet. Für ihn ist Longenarbeit »das sicherste und wirksamste Mittel sowohl für die Erziehung des jungen Pferdes als auch für die Ausbildung des erwachsenen Pferdes«, wobei er immer wieder betont, daß sie systematisch konzipiert und ohne Eile ausgeführt werden muß. Die aufbauende und zielbewußte Arbeit an der Longe wird manchmal gering geachtet, vielleicht schon deswegen, weil unterstützende Literatur rar ist. Gogue legt ein kleines Lehrbuch vor, ein System, das in seinen Grundsätzen nicht neu und in seiner praktischen Anwendbarkeit bewährt ist.

In einem Anhang beschreibt er Mechanik und Gebrauch des von ihm 1949 entwickelten Hilfszügels »Gogue«, der die Halsstreckung des Pferdes nach vorwärts-abwärts nicht behindert. Von diesem Hilfszügel, der - wie kann es anders sein - begeisterte Zustimmung wie verächtliche Ablehnung gefunden hat, gilt, was über alle Hilfszügel gesagt werden kann: In der Hand des Ignoranten und Adepten bringen sie nichts und sind schädlich, in der Hand des Könners und Meisters sind sie echte Arbeitshilfen.

Über die zahlreichen und oft schwierigen Pferde, die Gogue ausgebildet hat, sagt er als Motto seiner praktischen Arbeit treffend, sie waren immer bereit, »meine Fehler zu billigen«, sie haben sich andererseits auch eifrig bemüht, »auf meine guten Manieren anzusprechen«.

Mag auch das Pferdematerial in Frankreich und Deutschland verschieden sein, die Grundprobleme der Ausbildung junger Pferde sind die gleichen. Mit der Herausgabe einer deutschen Ausgabe dieses bekannten Werkes von Gogue verfolgt der Verlag den Zweck, seine in Frankreich bewährten Methoden der vertrauensbildenden Aufbauarbeit bei jungen Pferden, die - nach Oberst de Vallerin - als »Roh-Dressur« bezeichnet werden kann, und damit zugleich auch die großen Erfahrungen des Verfassers deutschen Ausbildern und Reitern zugänglich und damit nutzbar zu machen. Das Buch wird sich als hilfreicher Ratgeber beim Einspringen von Pferden auch in unserem Lande ebenso bewähren wie als theoretisch-gedankliche Anregung zur Longenarbeit mit erwachsenen Pferden.

Joachim Schellack

Vorwort der Originalausgabe

Mein lieber Freund,

es ist mir eine Ehre und ein Vergnügen, Ihr Buch hier vorzustellen. Bei der Ausbildung von Pferden gelangt die Longe leider viel zu wenig zum Einsatz, und wo sie doch gebraucht wird, erlaubt das Vorgehen meist nicht, allen zu erhoffenden Nutzen zu erzielen. Die Vorbereitung von dreijährigen Pferden zu Reitpferdeprüfungen, bei der die ersten Übungen mit ihnen ausgeführt werden, könnte man als »Roh-Dressur« bezeichnen. Oft werden diese Jungtiere gleich nach der ersten Longenstunde, in der man sie todmüde gemacht hat, gesattelt und bestiegen. Das Erlebnis ist für sie traumatisch und hinterläßt sie verängstigt und schreckhaft.
Mehrere Arbeitsstunden an der Longe geben dem jungen Pferd Vertrauen und bringen ihm genügend Gehorsam bei, damit man es anschließend ohne Schwierigkeiten und ohne Kampf besteigen kann. Der Gebrauch der Longe beim Einspringen ist ausgezeichnet dargestellt. In Ihrem Vorgehen und stufenweisen Aufbau kommen Sie mit der Methode, die ich in meinem Buch »Obstacle« beschrieben habe, sehr nahe.
Die Vorteile dieser Methode sind die schonende Behandlung von Maul und Beinen der jungen Pferde; die Erziehung zum absoluten Respekt vor der Stange, indem ohne Risiko mit niederen, aber starren Hindernissen gearbeitet wird; und die Erreichung von hervorragendem Stil und Regelmäßigkeit.
Es ist unbegreiflich, daß die Longe nicht mehr Anhänger findet, und daß gewisse Reiter ihren Wert in Frage stellen. Ich schließe in der Hoffnung, daß Ihr Besuch sie doch vom großen Nutzen zu überzeugen vermag und ihnen den Weg zu einer befriedigenden Longenarbeit öffnet.

Oberst Gudin de Vallerin

Allgemeine Bemerkungen

In der allgemein üblichen Fachsprache nennt man die Ausbildung des jungen Pferdes zum Reitpferd »Zureiten« und die höhere Ausbildung des erwachsenen Pferdes »Dressur«.
Für den echten Pferdefreund sind diese beiden Ausdrücke hingegen wenig befriedigend. Ersterer ist vage und plump; letzterer ist doppelsinnig, weil er einerseits die Arbeit des Pferdes in seiner Grundausbildung zu allen reiterlichen Disziplinen, andererseits das spezialisierte, auf die Hohe Schule hin orientierte Reiten bezeichnet. Wir werden sie allerdings im Sinne einer konventionellen Vereinfachung gelegentlich benutzen.
Die Wahl der Titel für den zweiten und dritten Teil dieses Buches entsprang dem Wunsch, das Einvernehmen zwischen Lehrer (Ausbilder) und Schüler (Pferd) in Worte zu fassen, diese Beziehung zu beschreiben, die auf Respekt und Vertrauen gründet.
Oft fürchten sich junge Pferde vor allem, was für sie neu ist. Demnach muß die erste Stufe der Erziehung des zukünftigen Reitpferdes darin bestehen, diese Furcht zu beseitigen. Der Ausbilder muß sich ständig und ganz intensiv in die geistigen Fähigkeiten des jungen Pferdes hineindenken, bevor er ihm körperlich irgend etwas abfordern darf. Das ist die Bedingung für sein Vertrauen.
Hingegen sind Zurechtweisungen durchaus am Platz, denn sie gehören zu jeder guten Erziehungsmethode. Sie müssen aber dosiert und gerecht sein und nur dann erfolgen, wenn es wirklich nötig ist. Das ist die Bedingung für den Respekt.
Wenn das Pferd als Folge einer Zurechtweisung gehorcht, muß möglichst bald das Vertrauen wiederhergestellt werden, damit das Fundament der bedingungslosen Ergebenheit aufgebaut werden kann. Diese geistige Erziehung des jungen Pferdes wird durch das Ausführen von einfachen Übungen erzielt, die gleichzeitig auch seine körperliche Entwicklung fördern.
Beim erwachsenen Pferd bilden Respekt und Vertrauen ein kostbares Kapital, das der Reiter keineswegs verscherzen darf. Dieses Kapital ist aber lediglich ein geistiges Gerüst für die technische Ausbildung, in der die körperlichen Anforderungen der Übungen überwiegen. Es ist wichtig zu begreifen, daß die fortschreitende Ausbil-

dung des Pferdes auch höhere Ansprüche stellt und die Tendenz haben kann, ihm den Spaß zu nehmen. Deshalb kann es vorkommen, daß zu große Eile oder die Ungeschicklichkeit mancher Reiter es oft nötig machen, auf die Übungen zur Wiederherstellung des Vertrauens zurückzugreifen.
In jedem Fall ist die Arbeit an der Longe das sicherste und wirksamste Mittel sowohl für die Erziehung des jungen Pferdes, als auch für die Ausbildung des erwachsenen Pferdes. Bei letzterem bildet sie bei eventuellem Bedarf eine sinnvolle Repetition der Grundbegriffe. Diese Arbeit muß auch systematisch konzipiert und ausgeführt werden, was nicht häufig vorkommt.
Longenarbeit ist in der französischen Kavallerie recht verbreitet gewesen, aber in den meisten Fällen beschränkte sie sich auf das Bewegen eines Pferdes, das nicht geritten werden konnte. Der mit dieser Aufgabe betraute Pfleger hatte seine helle Freude daran, das Pferd in ungestümen Sprüngen »Dampf ablassen« zu sehen. Danach verbrachte er die vorgeschriebene Arbeitszeit völlig unbeteiligt und gleichgültig damit, das Pferd einfach im Kreis um sich herumgehen zu lassen.
Gegenwärtig wird von einer geringen Zahl von zivilen Reitern mit der Longe gearbeitet. Nur die wenigsten unter ihnen werden den zu erwartenden Nutzen daraus ziehen, und es gibt kein modernes Lehrbuch, um ihnen dabei zu helfen. Ich habe versucht, diese Lücke auszufüllen, indem ich ein System darlege, das zwar in seinen Prinzipien nicht neu ist, sich aber im Aufbau durch die Erfahrung von mehr als dreißig Jahren bewährt hat. Es wurde für zahlreiche, oft recht schwierige Pferde angewendet, die immer bereit waren, meine Fehler zu billigen, sich aber andererseits auch eifrig bemühten, auf meine guten Manieren anzusprechen. Ihnen gilt die Anerkennung von all jenen, die durch dieses Buch an einer begeisternden Arbeit Gefallen finden und ihre Früchte ernten werden.

Teil I
Das Wesen der Longenarbeit

Kapitel 1: Vorteile der Longenarbeit

Jeder Reiter wird bestätigen, daß es vorsichtiger ist, beim ersten Aufsitzen das junge Pferd an der Longe zu halten. Auf diese Weise gehen die meisten Ausbilder von Renn- und Reitställen und ebenso gewisse Züchter vor. Sie sehen darin ein Mittel, um das Pferd am Davonlaufen zu hindern und um es durch Zwang, ja sogar durch die auf eine wilde Auseinandersetzung folgende Ermüdung unter Kontrolle zu bringen. Der größte Teil der Materialprüfungen für junge Pferde sind sprechende Beweise dafür. Diese Auffassung von Longenarbeit führt nicht weit; aber als Interessenbekundung darf sie nicht unbeachtet bleiben.

Nach diesem sehr beschränkten Gebrauch der Longe geht man im allgemeinen zur Arbeit unter dem Sattel über, mit einer gelegentlichen Abwechslung von freien Arbeitsstunden. Zwischen diesen beiden Extremen steht das Longieren.

Verglichen mit der freien Arbeit bietet die Longenarbeit den gewaltigen Vorteil, daß man immer absolute Kontrolle über die Gangarten und deren Tempo haben kann. Dieses Vorgehen verhindert wilde Ritte quer durch die Reitbahn oder mit ungelenken Sprüngen gespickte Galoppaden, die nicht nur die Undiszipliniertheit des Pferdes fördern, sondern auch eine Verletzungsgefahr für seine Beine darstellen. Zudem erfordert die freie Arbeit oft die Gegenwart mehrerer Personen, während das Longieren, sofern wie unten angegeben vorgegangen wird, sich auf einen Ausbilder beschränkt.

Die Arbeit an der Longe stellt das unentbehrliche Gegenstück zur Arbeit unter dem Sattel dar; einerseits kann sie ihr als Vorbereitung dienen und ihr vorangehen (wie in der Spanischen Reitschule in Wien), andererseits wird sie jene ausfeilen und sie vollenden. Sie ist der Arbeit unter dem Sattel überlegen, weil bei jener die Hilfegebung auf rein physische Weise erfolgt. Bei mangelndem Einfüh-

lungsvermögen – die wenigsten Reiter können sich dieser Eigenschaft rühmen – wird das junge Pferd verunsichert. Im Gegensatz dazu setzt die Arbeit an der Longe den Gebrauch von verhaltenen physischen Mitteln voraus, die mehr überreden als zwingen müssen. Stimme, Blick und Haltung gelangen ebenfalls mit Bestimmtheit zum Einsatz. Schließlich entsteht eine enge, unsichtbare Bande des Einvernehmens und vollständigen Verstehens zwischen Pferd und Mensch. Das Fehlen jeder hinderlichen Entwicklung durch das Gewicht des Reiters und jedes ungekonnten oder übertriebenen Gebrauchs der Hilfen läßt das Pferd gelassen die Bewegungen ausführen, die von ihm verlangt werden.
Wir werden uns jetzt im Detail mit den Hilfsmitteln befassen, über die der Ausbilder an der Longe verfügt. Auf der einen Seite haben wir die Ausrüstung, die aus Kappzaum, Longe und Longierpeitsche besteht, auf der anderen die persönlichen Mittel, von denen die Stimme das wichtigste ist.
Diese Studie vertritt die Ansicht, daß die Hilfe eines Assistenten bei der Longenarbeit auch in den Anfängen als unnötig, ja sogar eher als störend betrachtet wird. Zwei Hauptgründe sprechen dafür:
1. Das Pferd fühlt sich um so unsicherer, je mehr Leute herumstehen.
2. Im Hinblick auf das gute Ausführen der Befehle ist die Einheit des Kommandos für das Pferd noch mehr als für den Menschen eine grundlegende Notwendigkeit. Als letzte Bemerkung hierzu soll noch gesagt werden, daß sich der Lehrer bemühen muß, seine Befehle klar zu erteilen.

Kapitel 2: Ausrüstung – Beschreibung

Die klassische Arbeit an der Longe erfordert lediglich drei Ausrüstungsteile: Kappzaum, Longe und Longierpeitsche.

Kappzaum

Der Kappzaum ist das wichtigste Stück unserer Ausrüstung. Deshalb soll er von sorgfältiger Ausführung sein.
Er besteht aus einem ledernen Nasenriemen mit einer halbrunden Metalleinlage als Verstärkung, auf der drei Metallringe (einer in der Mitte und zwei seitlich) angebracht sind. Zu diesem Nasenriemen gehören wie bei einer Schultrense zwei verstellbare, lederne Backenriemen, ein Kopfgestell und ein Stirnband. Zudem ist auf halber Höhe der Backenstücke ein Riemen angebracht, der um die Ganaschen geschnallt wird und verhindert, daß die Backenriemen die Augen des Pferdes stören, falls sich der Nasenriemen drehen sollte.
Der Nasenriemen muß gut gepolstert sein, damit die Metalleinlage den Nasenrücken des Pferdes nicht verletzt, darf aber auch nicht übertrieben dick sein, um die Wirkung nicht zu beeinträchtigen. Der Kinnriemen des Nasenbandes, der unter dem Unterkiefer des Pferdes verläuft, muß weit sein oder noch besser ein Filzpolster haben, um das Pferd nicht zu verletzen.
Der Kappzaum muß dem Pferdekopf satt angepaßt werden. Der Nasenriemen darf kein Spiel haben, weil der Zug sonst ruckartig wirken würde; auch der Ganaschenriemen, der die Augen schützt, muß gut sitzen. Zudem soll der Nasenriemen nicht zu tief auf dem Nasenrücken liegen, um die Atmung nicht zu behindern. Hingegen ist es bei wenig empfindlichen und unwilligen Pferden von Vorteil, ihn ein wenig tiefer und lockerer zu schnallen.

Longe

Die beim Sattler normalerweise erhältliche Longe besteht aus einem breiten Baumwoll-Gurtband. Sie ist sicher sinnvoll bei einem heftigen Pferd, das auf einem weiten Platz longiert werden soll. Für die von uns vorgesehene Arbeit erweist sie sich aber als unhandlich. Mit Vorteil benützt man einen geschmeidigen Baumwoll- oder Ny-

lonstrick von 10 bis 12 mm Durchmesser und von 7 bis 8 m Länge, versehen mit einem starken Karabinerhaken.
Als kleine Hilfe kann man eventuell vier Knoten in diese Longe machen. Der erste, rund 50 cm vom Karabinerhaken entfernt, dient dazu, ein heftiges Pferd an der Hand im Schritt zu halten. Am zweiten, ca. 1,50 m vom Karabiner weg, hält man ein Pferd, das zum Steigen neigt, oder führt die Arbeit in nächster Nähe aus. Der dritte, 4 m vom Karabiner, markiert den Punkt, von wo der Trainer noch über seine volle Autorität verfügt. Mit dem letzten schließlich, am Ende der Longe, hält man das in lebhaften oder starken Gangarten sich bewegende Pferd auf einem großen Zirkel.
Abgesehen von diesen Knoten, die übrigens nicht unbedingt nötig sind, muß die Longe glatt bleiben, damit sie leicht durch die Hände gleitet.*

Longierpeitsche

Die Longierpeitsche muß mäßig, aber nicht übertrieben elastisch sein. Ihre Länge beträgt mindestens 2 m; in der Verlängerung weist sie einen noch längeren Peitschenriemen (Schlag) auf, mit dem man das Pferd, das auf eine Volte von 4-5 m Radius arbeitet, berühren kann.

Weitere Hilfsmittel

Ausbindezügel, Longiergurt oder Sattel und Bandagen an den Vordergliedmaßen.
Je nach Arbeitsdistanz – nächste Nähe, normaler oder großer Abstand – hält man die Longierpeitsche auf verschiedene Weise.

** Es ist ratsam, Handschuhe zu tragen, um eventuelle Verletzungen zu vermeiden, falls einem das Pferd bei einem Ausbruchsversuch die Longe aus der Hand reißt.*

Kapitel 3: So werden diese Ausrüstungsteile gebraucht

Das Beherrschen des Pferdes läßt sich in drei Formeln zusammenfassen: Das Pferd wird in Bewegung gesetzt, seine Bewegung wird reguliert, seine Bewegung wird gelenkt.
Dies gilt sowohl für das Pferd an der Hand wie für das gerittene Pferd. Die Mittel hingegen variieren, und es ist wichtig, in beiden Fällen genau zu wissen, wie sie angewendet werden müssen.

Die Longe

Beginnen wir mit der Longe. Sie ist das erste Instrument, das der Reiter korrekt handhaben und gebrauchen muß, sobald er sich mit dem Pferd zu beschäftigen beginnt.
Die Longe wird am mittleren Ring des Kappzaums befestigt, damit ein Handwechsel mühelos ausgeführt werden kann. Sie wird immer mit beiden Händen gehalten. Die eine Hand führt das Pferd. Dazu wird die Longe in der für die vorgesehene Arbeit korrekten Länge straff gehalten. Sie tritt dabei in Richtung Pferd entweder beim Daumen aus der Hand, damit sie leicht gleitet (*Weiche Hand, Abb. 1*), oder auf der Seite des kleinen Fingers, damit das Pferd fester gehalten werden kann *(Feste Hand, Abb. 2)*. Die andere Hand nimmt das Longenende auf und hält es sorgfältig in gleichmäßigen Schlingen aufgewickelt in Reserve, damit der Ausbilder sich nicht mit den Füßen darin verfängt.
Will der Ausbilder den Abstand zwischen dem Pferd und sich verringern oder vergrößern, gibt die führende Hand das überflüssig gewordene Stück Longe an die andere Hand bzw. erhält von ihr die nötige Longenlänge. In beiden Fällen wirkt die führende Hand momentan als Ring, durch den die Longe gleitet.
Die Longe wird bei der Arbeit auf jeder Hand jeweils auf entgegengesetzte Weise gehalten, und zwar hängt es davon ab, ob der Ausbilder im Abstand von weniger oder mehr als zwei Metern arbeitet. Im ersten Fall befindet er sich auf der Höhe der Pferdeschulter und bewegt sich parallel zur Marschlinie des Pferdes. Auf der rechten Hand führt daher die Linke (Abb. 1).
Im zweiten Fall steht der Ausbilder dem Pferdekörper gegenüber, und die rechte Hand übernimmt die Führung (Abb. 2).

Im Gegensatz zur häufig vertretenen Ansicht besteht die *Rolle der Longe* nicht darin, ein Pferd lediglich auf passive Art auf einem Zirkel zu halten und am Davonlaufen zu hindern. Vielmehr erfüllt sie zwei Aufgaben: Einerseits soll sie das Pferd ruhig und präzis auf regelmäßigen und abwechselnden Linien lenken, andererseits – und dies sind die Ausnahmefälle – muß sie es durch vorsichtige und wohldosierte Einwirkung auf den Kappzaum zurechtweisen.
Man soll sich vor übertriebenen Bewegungen der Longe hüten und sie beispielsweise nicht horizontal oder vertikal schlenkern. Es darf nie vergessen werden, daß sie auf ein scharfes Instrument – den Kappzaum – übertragen werden.
Um Befehle klar zu übermitteln, muß ein steter und leichter Kontakt zwischen der Hand des Ausbilders und dem Pferdekopf bestehen.

Abb. 1: Arbeit in nächster Nähe im Schritt auf der rechten Hand. Die linke Hand führt und hält die Longe als »weiche« Hand. Die Schulterlinie des Ausbilders steht ungefähr senkrecht zur Längsachse des Pferdes.

Der Ausbilder soll daher die Longe immer bewußt und gekonnt straff halten, aber auch das Pferd muß zeigen, daß es begriffen hat und sich gefügig von der Hand lenken läßt.
In den Anfängen kann das Pferd auf zwei entgegengesetzte Arten reagieren: entweder weigert es sich, die Longe straff zu halten, oder es spannt sie in übertriebenem Maße. Wir werden weiter unten sehen, wie man dem abhilft.

Die Korrektur an der Longe
muß sich in verschiedenen Abstufungen der Art und Weise des zu korrigierenden Fehlers sowie der Empfindsamkeit des Pferdes anpassen. In jedem Fall sollte man das Pferd möglichst früh mit der strafenden Einwirkung des Kappzaums bekanntmachen, indem

Abb. 2: Flamant Rose SF (Valmy PS & f. Mersebourg SF). Die Longe wird mit »fester« Hand gehalten.

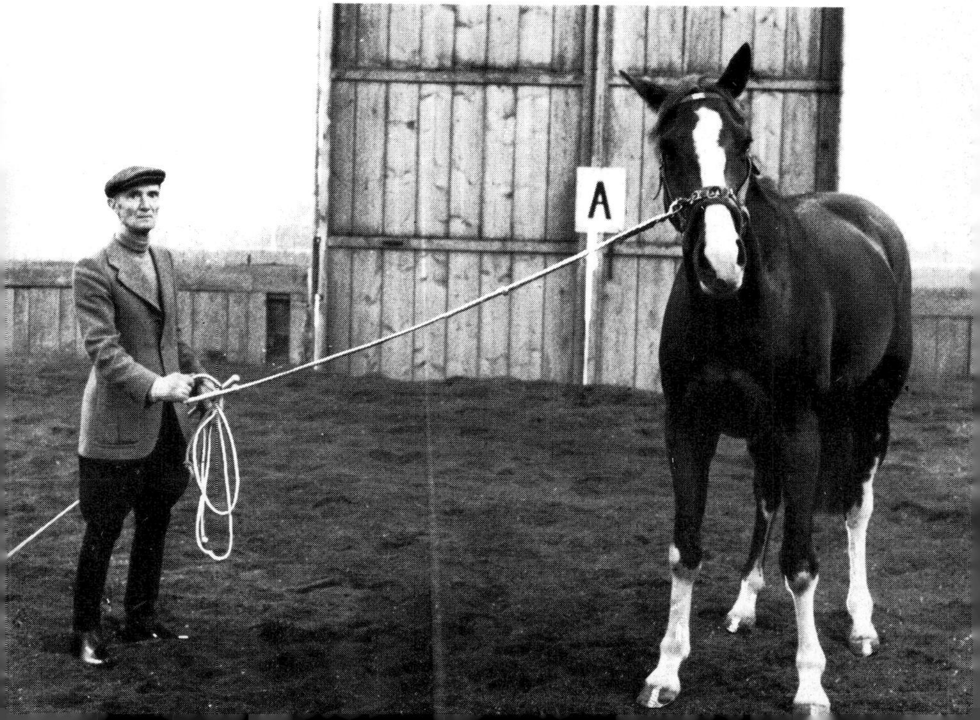

man gleich von der ersten Gelegenheit profitiert. Gewöhnlich bietet sich diese, wenn es im Schritt neben dem Ausbilder geht und einen Freudensprung macht oder ungestüm vorwärtsdrängt.
Die Longe wird plötzlich und ruckartig mit mittlerer Stärke von oben nach unten gezerrt. Ist die Reaktion des Pferdes allzu heftig, hört man sofort auf und wiederholt die Strafe das nächste Mal mit weniger Kraft. Wenn aber das Pferd nicht reagiert, gibt man einen zweiten, kräftigeren Zug.
Bei einem Pferd, das die Bestrafung am Kappzaum schon kennt, wendet man sie meistens an, um ungestüme Temperamentsausbrüche, wie Sprünge oder wilde Galoppaden, zu unterbinden. Bevor man es korrigiert, muß man das Pferd zum Stehen bringen. Man stellt sich gerade vor es hin und blickt ihm fest in die Augen. So kann man verhindern, daß es seitlich ausbricht und davongeht, ohne daß man es halten kann. Manche Pferde versuchen in einem solchen Moment rückwärts zu treten. Man muß sie dann in dieser Bewegung auf einer Geraden halten, dabei an der Longe ziehen und ihnen folgen, bis sie stillstehen.
Nach der Korrektur, zu der man ein- oder zweimal sehr deutlich und ruckartig an der Longe zieht, spricht man mit dem Pferd und blickt es dann lange schweigend an. Nachher nähert man sich ihm ganz ruhig und streichelt es, um die Bereitschaft zum guten Einvernehmen zu bekunden. Schließlich läßt man es wieder auf einem mittleren Zirkel Schritt gehen. Die normale Arbeit wird erst aufgenommen, wenn vollständige Ruhe eingetreten ist und sich das Pferd von dem eventuell durch die Korrektur hervorgerufenen Unbehagen befreit hat.
Wie alle Korrekturmittel – Sporen, Dressur- oder Bahnpeitsche – darf auch der Kappzaum nur als Ausnahme auf diese Art gebraucht werden, damit er wirksam bleibt und nicht zu einem störenden Element abgewertet wird. Sobald das Pferd diese ersten Lektionen begriffen hat, genügt es meistens, ein paarmal leicht und in kurzen Abständen ruckartig an der Longe zu ziehen: auf diese Warnung hin wird es sich in acht nehmen und gehorchen.

Longierpeitsche

Die Longierpeitsche erfüllt zwei Aufgaben: Sie setzt das Pferd in Bewegung oder funktioniert als treibende Hilfe und kann eventuell zu seiner Bestrafung gebraucht werden. In beiden Fällen wirkt sie ausschließlich auf die Hinterbacken ein. Man soll sie nie knallen lassen. In erster Linie soll sie Respekt und nicht Angst einflößen. Das Pferd muß demzufolge zuerst lernen, ohne zu erschrecken, sich mit der Peitsche berühren zu lassen. Wir gehen hier folgendermaßen vor: Man hält das Pferd an und faßt die Longe mit der linken Hand rund 50 cm vom Kappzaum weg; sie wird straff gehalten, damit das Pferd stehenbleibt. Die Longierpeitsche wird so in der rechten Hand gehalten, daß das Griffende mindestens 80 cm nach vorn herausschaut. Sehr vorsichtig und unter gutem Zureden fährt man mit dem Griff dem Pferd über den oberen Halsrand vom Genick zum Widerrist. Bleibt es ruhig, wiederholt man diese Bewegung und zieht sie weiter bis in die Lendengegend, wo man die Peitsche einen Moment liegen läßt. Dann dreht man sie in der Hand um und wickelt den Schlag um den Griff. Jetzt wiederholt man obige Bewegungen mit dem dünnen Ende der Peitsche. Man streichelt den Hals mit der linken Hand und läßt dann die Peitsche ganz sachte über die Kruppe und schließlich behutsam über Hinterbacke und Oberschenkel gleiten.

Wenn sich das Pferd all diese Berührungen gefallen lassen hat, wickelt man den Riemen los und bringt ihn auf die andere Seite des Pferdes, ohne es dabei zu berühren. Man läßt ihn auf der rechten Flanke liegen und fährt zur Kruppe, so daß er links hinter dem Pferd zu Boden fällt. Anschließend wiederholt man die gleichen Übungen, steht aber jetzt auf der rechten Seite des Pferdes. Schließlich stellt man sich gerade vor es hin, bewegt die Peitsche vor seinem Kopf hin und her und streicht ihm mit dem Peitschenstiel abwechslungsweise über beide Halsseiten. Das Pferd wird bis dahin begriffen haben, daß die Longierpeitsche kein Schreckensinstrument ist, das ausschließlich zu seiner Bestrafung geschaffen wurde, sondern vor allem ein Kommunikationsmittel zwischen ihm und dem Ausbilder ist, wenn dieser es zu größerer Aktivität auffordern will.

Es sollte ihr daher den größten Respekt zollen; andernfalls können

einige, eventuell kräftigere Züge über die Hinterbacken es wieder daran erinnern.
Dies alles läßt sich in einer einzigen Arbeitstunde erzielen. Wenn allerdings das Pferd extrem empfindlich ist, kann man die Übungen über mehrere Tage verteilen.
Sollte später durch Ungeschicklichkeit im Gebrauch oder nach einer scharfen Zurechtweisung der Anblick der Peitsche das Pferd in Schrecken versetzen, muß man die oben beschriebenen Übungen zur Wiederherstellung des Vertrauens repetieren.
Manchem Leser mag es vorkommen, daß diese Methode allzusehr auf Details beharrt. Sie ist aber die Grundlage für jede Longenarbeit, vor allem in Hinblick auf das Hindernisspringen.

Abb. 3: Trabarbeit auf linker Hand im normalen Abstand. Die rechte Hand hält das Longenende und die Longierpeitsche, wobei der Griff beim Daumen herausschaut. Der Ausbilder steht dem Pferd zugewendet und dreht sich auf einem Punkt um sich selbst.

Je nach Arbeitsdistanz – nächste Nähe, normaler oder großer Abstand – hält man die Longierpeitsche auf verschiedene Weise.
In den beiden ersten Fällen hält man die Peitsche in der gleichen Hand wie das Longenende, wobei der Griff beim Daumen herausschaut (Abb. 3). Der längere Abschnitt befindet sich somit hinter dem Ausbilder und zieht die Schnur hinter ihm am Boden nach. Um die Peitsche in Aktion zu bringen, dreht man das Handgelenk, wodurch das Ende der Peitsche sich der Hinterhand des Pferdes nähert, und je nach der in die Bewegung gelegte Kraft kann man den Riemen über die Hinterbacken ziehen lassen.
Wird die Arbeitsdistanz so groß, daß man das Pferd mit der Peitschenschnur nicht mehr bequem erreichen kann, faßt man die Longierpeitsche wie eine Geißel, wobei das Griffende beim kleinen Finger herauskommt (Abb. 4). Auf diese Weise kann man den Arm

Abb. 4: Umgekehrte Haltung der Longierpeitsche, um die auf dem Zirkel trabende Stute besser zu erreichen.

weiter strecken und die Peitsche nötigenfalls mit mehr Schwung zum Einsatz bringen.
Wenn man die Longe nach einem Handwechsel in die andere Hand nimmt, wird man natürlich auch die Longierpeitsche mit der anderen Hand fassen. Man reicht sie dazu hinter sich herum, um das Pferd nicht zu erschrecken.
Wechselt man zum Beispiel von der linken auf die rechte Hand, hält die rechte Hand das Longenende und die Peitsche, und die linke Hand führt die Longe. Der Ausbilder nimmt beide Hände hinter seinen Rücken und tauscht die Peitsche. Dann bringt er sie wieder nach vorn, um die beiden Longenpartien entsprechend auszuwechseln.
Nach diesen beiden Tauschmanövern führt die rechte Hand die Longe, und die linke hält das lose Ende und die Longierpeitsche.
Bei der Arbeit in nächster Nähe wird die Longe mit der Hand gehalten, die sich zwischen Ausbilder und Pferd befindet, während die andere Hand die Longierpeitsche hält (Abb. 1). So kann man das Pferd geradehalten, dabei aber durch die Wirkung des Peitschenendes antreiben. Wenn hingegen bei der Arbeit in nächster Nähe die Longierpeitsche zwischen Ausbilder und Pferd gehalten wird (Abb. 2), hat das Pferd die Möglichkeit, mit der Hinterhand nach außen zu weichen oder sich sogar dem Ausbilder zuzuwenden.

Die menschliche Stimme

Bei der Longenarbeit stellt die Peitsche die treibende Hilfe dar und entspricht dabei dem Schenkel des Reiters in der berittenen Arbeit. Die Longe zusammen mit dem Kappzaum wirkt analog zu Zügel und Gebiß verhaltend und lenkend.
Neben diesen beiden Werkzeugen brauchen wir unsere Stimme. Das Pferd soll in erster Linie lernen, sie zu verstehen; wir denken aber daran, daß sie später eventuell weggelassen wird. Die Stimme des Ausbilders schafft die eigentliche Verbindung aller Hilfsmittel, die das Pferd in seinen einfachen, aber grundlegenden Bewegungsabläufen – Vorwärtsgehen, Anhalten, Schritt, Trab, Galopp, Zulegen, Verkürzen – lenken.
Man muß sich vor Augen halten, daß das Pferd nicht nur die Worte aufnimmt, die man zu ihm spricht, sondern vorwiegend auf

den Tonfall der Stimme – eine musikalische und daher universelle Sprache – reagiert. Ein dunkler, schleppender Ton bewirkt Ruhe, während ein klangvoller, kurzer Ton das Pferd aufmerksam macht und anspornt. Wenn das Pferd die Sprache gut verstehen gelernt hat und darauf reagiert, kann es dank der Feinheit seines Gehörs gehorchen, ohne daß man laut zu reden braucht. Dies fördert die Konzentration bei der gewissenhaften Arbeit und verhindert, daß man eventuell andere Reiter stört.
Die konventionelle Aussprache beginnt mit einem Zungenschnalzen, das das Pferd in Bewegung setzt oder seine Vorwärtsbewegung beschleunigt. Das Pferd lernt dies recht schnell verstehen, aber am Anfang ist es meistens nötig, den Laut mit der Peitsche zu begleiten. Um das Pferd anzuhalten, benützt man den Ausdruck »Halt!« in dunklem, bestimmtem und langgezogenem Ton. Zur Förderung des Verständnisses zieht man gleichzeitig ein paarmal kurz am Kappzaum. Um das Tempo zu verkürzen, spricht man gebunden und in sanftem, abfallenden Ton zum Beispiel die Doppelsilbe »Ruhig!« aus. Man wiederholt diese Aufforderung, bis das Pferd gehorcht und zieht nötigenfalls kurz und leicht an der Longe.
Das Wort »Vorwärts!« wird von allen Pferden leicht verstanden und kann gebraucht werden, um das Tier anzuspornen.
Mit dem Wort »Hier!« lockt man das Pferd zu sich heran oder läßt es einem folgen.
Das Pferd, das eine neue oder schwierige Forderung des Ausbilders gut erfüllt hat, schätzt das lobende »Brav!«. Oft wird es stehenbleiben, wenn es dieses Wort vernimmt und eine Liebkosung erwarten. Man soll sich beeilen, dieser Erwartung sofort nachzukommen.
Die Befehle zu den drei Gangarten lauten »Schritt!«, »Trab!« und »Galopp!«
Zum Handwechsel braucht man das Wort «Wechsel!« und dehnt die erste Silbe.
Der Gebrauch eines streng festgelegten Vokabulars ist sehr nützlich und erlaubt einem, bei Bedarf das Pferd von anderen Personen longieren zu lassen, denen diese Ausdrücke geläufig sind.
Die Stimme soll in ihrem Einsatz auf das absolut Notwendige beschränkt bleiben und einzig zum Erteilen von Befehlen dienen. Sonst schenkt ihr das Pferd keine Beachtung mehr.

Der Blick

Jedermann weiß, wie gut der Blick eines Menschen seine Gefühle (geheime oder offene) verraten kann. Wir alle kennen Ausdrücke wie »böse Blicke zuwerfen« oder »jemanden verliebt ansehen«. Reiter machen es sich zur Gewohnheit, beim Pferd fast ausschließlich das Spiel der Ohren zu beobachten, um seine Gefühle und Absichten zu erkennen. Das Auge des Pferdes spielt aber unter gewissen Umständen eine ebenso wichtige, wenn auch viel subtilere Rolle.

Umgekehrt hat der Blick des Menschen, der sich auf das Auge des Pferdes heftet, eine nicht zu unterschätzende Wirkung auf dessen Verhalten; die Abbildungen in diesem Buch lassen dies klar erkennen. Ich habe übrigens auf Seite 22 einen solchen Fall deutlich geschildert.

Diese Beobachtungen führen zum Schluß, daß der Ausbilder bei der Arbeit an der Longe seinen Blick ständig auf das Auge des Pferdes richten muß. Das Pferd, obwohl man es ihm nicht immer anmerkt, bewahrt Sichtkontakt mit dem Ausbilder und ist auf diese Weise psychisch mit ihm verbunden (siehe zu diesem Thema die Überlegungen, die auf Seite 35 über die häufigen Schwierigkeiten bei der Arbeit an der Longe auf rechte Hand angestellt wurden). Wenn andererseits irgend ein Faktor diese Blickverbindung unterbricht (so z. B. der Photograph auf Abb. 2), wird man feststellen (wie es dort der Fall ist), daß sich das Pferd ablenken läßt und die zuvor gezeigte korrekte Haltung verliert.

»Die Kunst der Ausbildung von jungen Pferden ist ebenso wenig eine Sache von stumpfer Geduld wie von verwegener Kühnheit; sie ist schlicht die Summe aller Kenntnisse, die man sich in der Reiterei aneignen kann.« *(de Curnieu)*

Teil II
Die Erziehung des jungen Pferdes

Die Erziehung des Fohlens beginnt eigentlich gleich nach seiner Geburt, und die Rolle des Züchters ist dabei von großer Bedeutung. Die Aufzucht eines Fohlens darf sich nicht nur in der Sorge um seine Gesundheit und um seine körperliche Entwicklung erschöpfen. Das Pferdekind muß mit liebevoller Fürsorge umgeben werden, damit es dem Menschen sein volles Vertrauen schenkt und bereit ist, seinen kleinen Anforderungen nachzukommen. Kurz, man muß ein »wohlerzogenes« Kind aus ihm machen. Wenn es dann mit rund drei Jahren in die Hände eines Ausbilders gelangt, wird es willig und aufgeweckt sein.

Bei gewissen Tieren, deren Abstammung ein schwieriges Temperament produziert hat, ist das Erziehen eine undankbare Aufgabe Diesem Umstand wird beim Zuchtmaterial zu wenig Aufmerksamkeit geschenkt. Man muß aber auch zugeben, daß ausgezeichnete Individuen, deren Persönlichkeit hohe Qualität verspricht, oft unverstanden sind und durch ungeschickte Behandlung verdorben und widerspenstig werden.

Dies kann man bei allen Materialprüfungen für Dreijährige beobachten. Wie häufig sieht man Jungtiere bei ihren Lösungsübungen an der Longe wahre Rodeos aufführen. Dies ist unzulässig und sollte nicht geduldet werden. Jedes junge Pferd, das beritten vorgestellt wird, sollte eine ausreichende und korrekte Ausbildung an der Longe erhalten haben, um die Lösungsarbeit willig auszuführen. Vorausgesetzt, daß der Züchter gelernt hat, methodisch vorzugehen, sollten zwei bis drei Wochen Longenarbeit vor der ersten Prüfung genügen.

Nachdem für das junge Pferd die Kindheit zu Ende gegangen ist, muß es seine neue Rolle als Reitpferd erlernen. Der Übergang vom Leben in uneingeschränkter Freiheit zu demjenigen des Eingesperrtseins im Stall bringt verschiedene Probleme mit sich. In erster Linie denken wir hier an die Anpassung und werden uns mit deren seeli-

schem Aspekt beschäftigen. Das junge Pferd muß nicht nur eine Futterumstellung verkraften; der Ortswechsel ist ein tiefer Eingriff in sein Leben, dem man nicht genug Bedeutung beimessen kann.
Eine mäßige, aber tägliche Arbeit wird sich während einiger Zeit aufdrängen. Sie muß der vorangegangenen Ausbildung Rechnung tragen und die Möglichkeiten, die die Lage des Stalls bietet (Reitbahn, Reitplatz, Gelände), berücksichtigen. Das junge Pferd wird täglich ein- bis zweimal je eine halbe Stunde lang an der Longe, vorzugsweise in der Reitbahn, bewegt. Auf diese Weise führt es nicht nur seine körperlichen Übungen aus, sondern es hat Gelegenheit, sich mit dem Arbeitsort vertraut zu machen und seinen neuen Meister kennenzulernen, falls es verkauft worden ist.
Auf jede Arbeitsphase folgt ein Spaziergang an der Hand im Schritt, entweder auf einem Reitplatz oder besser noch im Gelände. Dort darf das junge Pferd von Zeit zu Zeit stehenbleiben, um ein wenig zu grasen und um von seinem Meister gestreichelt zu werden. Man tut gut daran, einmal an seiner rechten und einmal an seiner linken Seite zu gehen.

Kapitel 1: Erste Übungen an der Longe

Der nun folgende Aufbau ermöglicht es dem Ausbilder, auf die Hilfe eines Assistenten, die mir eher störend als nützlich erscheint, zu verzichten. Allerdings können ängstliche oder ungeschickte Longenführer sich anfangs von jemandem helfen lassen, der mit der Bahnpeitsche gekonnt umzugehen weiß.
Mit Vorteil gibt man die ersten Lektionen in der Reithalle. Es ist aber auch möglich, einen ruhigen Reitplatz zu wählen.
Als Leitfaden in unserem Aufbau gelten die drei aufeinanderfolgenden Schritte, die das Beherrschen eines Pferdes umschreiben:

1. wir setzen das Pferd in Bewegung,
2. wir regulieren seine Bewegung,
3. wir lenken seine Bewegung.

Mit einem Kappzaum, der an seinem mittleren Ring befestigten Longe und einer Longierpeitsche ausgerüstet stehen wir jetzt vor der Box unseres jungen Pferdes. Wir stellen die Longierpeitsche außerhalb der Box an einen Ort hin, wo wir sie beim Hinausgehen mit der linken Hand ergreifen können.
Wir betreten die Box, streicheln das Pferd, streifen ihm vorsichtig den Kappzaum über und passen ihn gut an. Die Longe ergreifen wir mit der rechten Hand 50 cm vom Kappzaum weg und legen den Rest sorgfältig in der linken Hand in Schlingen. Das Pferd muß sich ohne Schwierigkeiten in Bewegung setzen lassen, da es gewohnt ist, am Stallhalfter geführt zu werden. Wir verlassen die Box daher ganz ruhig und nehmen im Vorbeigehen die Longierpeitsche auf.
Wir gehen mehrmals im Schritt auf dem Hufschlag auf der linken Hand herum, um das junge Pferd zu beruhigen und um es mit dieser neuen Umgebung bekannt zu machen. Dann halten wir es auf dem Hufschlag an und gehen zu den vorher beschriebenen Berührungen mit der Longierpeitsche über; wir benützen aber ausschließlich das Griffende und lassen den Riemen um dieses aufgewickelt.

Arbeit nahe beim Pferd (im Schritt)

Schritt und Anhalten

Jetzt beginnen wir mit der eigentlichen Einführung des jungen Pferdes in die Arbeit an der Longe.
Wir fassen die Longe und Longierpeitsche (mit aufgerolltem Riemen), wie für die Arbeit in nächster Nähe beschrieben worden ist, und muntern das Pferd mit einem Zungenschnalzen auf, sich in Bewegung zu setzen. Wenn es gehorcht, gehen wir neben ihm her. Wenn es diese Sprache noch nicht versteht oder ihrer Aufforderung nicht nachkommt, berühren wir es auf der linken Hinterbacke zunächst sachte mit dem Griffende der Bahnpeitsche und, falls nötig, stupst man es ein paarmal leicht und schnalzt gleichzeitig mit der Zunge.
Sobald das junge Pferd durch Vorwärtsbewegung auf die treibende Hilfe geantwortet hat, muß es das Anhalten lernen. Wir erteilen den Befehl zuerst mit der Stimme und ziehen die Longe nachher leicht, aber bestimmt nach hinten. Leistet das Pferd der Hand gewaltsamen Widerstand, so ist der Moment gekommen, um ihm die erste Lektion mit dem Kappzaum zu erteilen: Wir geben einen seinem Widerstand entsprechenden Ruck. Falls dies das junge Pferd aufregt, bleiben wir ruhig und sprechen in leisem, tiefen Ton mit ihm; dann streicheln wir es und halten es am Ort fest, bis seine Unruhe verflogen ist. Schließlich kann es wieder in Bewegung gesetzt werden, und der Befehl zum Anhalten wird neu erteilt.
Diese Übung muß so lange fortgesetzt werden, bis das Pferd eindeutig auf die Befehle gehorcht, soll aber eine Viertelstunde nicht überschreiten. Wir wollen dem jungen Pferd keine allzu große seelische Belastung auferlegen. Deshalb werden diese Übungen, die man auf dem Hufschlag ausführt, damit es mit der Hinterhand nicht nach rechts ausweichen kann, durch Schlangenlinien durch die ganze Bahn unterbrochen. Hierbei haben die Wendungen nach rechts den Vorteil, daß das junge Pferd lernt, mindestens eine Kopflänge vor seinem Meister zu gehen, statt ihm zu folgen. Um die Außenwendungen zu erleichtern, hebt der Ausbilder in kurzen Abständen die linke Hand gegen den Kopf des Pferdes und berührt es nötigenfalls mit dem Griffende der Bahnpeitsche am

Nasenbein. Ist es ihm geglückt, das Pferd etwas vorausgehen zu lassen, unterstützt er dies auch auf der Geraden. Er nimmt seine Stimme und die Bahnpeitsche zu Hilfe, falls das Pferd seinen Schritt verkürzt.

Wir nehmen Abstand vom Pferd

Wenn das junge Pferd diese Arbeit in nächster Nähe des Trainers richtig erfaßt hat, muß es lernen, dieselbe in einem gewissen Abstand von ihm auszuführen. Man nutzt die Situation einmal aus, wenn einem das Pferd etwas vorausgeht. Dann entfernt man sich allmählich von ihm, indem man die Longe ungefähr 1,50 m aus der

Abb. 5: Schritt auf der Geraden in nächster Nähe. Der Ausbilder geht auf der Höhe des Kopfes der Stute. Die Longe bleibt gespannt, und die Peitsche unterstützt mit erhobenem Ende den Schwung. Ausbilder und Stute verfolgen sich mit Blicken.

rechten Hand gleiten läßt. Wenn sich das Pferd dem Trainer wieder nähert und dabei die Longe nicht mehr spannt, hebt man wie für die vorher beschriebene Rechtswendung die linke Hand. Der wesentlichste Punkt aber ist, daß man das Pferd in einem flüssigen Tempo im Schritt halten kann. Wenn die Longierpeitsche in der ersten Lektion korrekt gebraucht worden ist, genügt es, deren Griffende in Richtung Hinterbacken des Pferdes zu heben, damit dieses den Schritt beschleunigt.*

Diese Übung wird auf dem Hufschlag auf der Geraden begonnen und auf einer Volte nach links fortgesetzt, wobei man von einer Ecke profitiert. Der Ausbilder verkürzt seinen Schritt und beschreibt einen kleinen Kreis, so daß er etwas hinter die Vorhand kommt. Sodann geht er parallel zum Hufschlag wieder geradeaus, bevor das Pferd ganz durch die Ecke hindurchgegangen ist. Sobald dieses merkt, daß ihm die Volte abgeschnitten wird, verläßt es sie auf der Tangente. Nötigenfalls hebt man wie vorher die linke Hand, um dem Pferd zu zeigen, daß es richtig geht (Abb. 5).

Abwechseln zwischen Schritt auf der Volte und Schritt auf der Geraden

Wenn die vorherige Übung einige Male gut gelungen ist, gibt es nichts Einfacheres, als den Schritt auf dem Hufschlag durch kleine Volten zu unterbrechen, dann wechselt man durch die halbe Bahn und zieht schließlich auf linker Hand große Kreise durch die ganze Bahn.

Dieses Abwechseln zwischen Geradeausgehen und Herumgehen im Kreis muß mit besonderer Sorgfalt ausgeführt werden, weil es eine Grundübung für die Vorbereitung zum Hindernisspringen ist.

Arbeit auf der rechten Hand

Der Moment ist nun gekommen, um alle diese Übungen auf der rechten Hand zu wiederholen. Bei einigen Pferden kann dies mit

** Wenn man bei der Arbeit in nächster Nähe die Peitsche braucht, muß man sich vor eventuellen gegen sie gerichteten Schlägen in acht nehmen.*

Schwierigkeiten verbunden sein. Allerdings sind sie leichter zu beseitigen, falls man sich die Mühe nimmt, das Pferd beim Spaziergang sowohl rechts wie links zu führen.
Das junge Pferd, das sich gegen die Anwesenheit des Menschen auf seiner rechten Seite wehrt, stellt sich gewöhnlich vor ihn hin und weigert sich, vorwärtszugehen. Ich habe mich immer wieder gefragt, was der wahre Grund für diese Abneigung sein könnte. Die Arbeit an der Longe, dieses so wertvolle Mittel zur Analyse des Verhaltens des Pferdes, hat mich zu folgender Feststellung gebracht: Das Pferd, das in einer bestimmten Richtung longiert wird, kann den Ausbilder jeweils nur mit dem inneren Auge beobachten. Wer den Blick des Pferdes zu interpretieren weiß, sieht in diesem Auge die ständige Konzentration auf die Gesten des Ausbilders, während das äußere Auge passiv bleibt. Ich habe mir diese Hypothese ausgearbeitet: Beruhend auf der Tatsache, daß sich der Ausbilder vorwiegend links aufhält, stellt sich eine Gewöhnung auf das linke Auge ein. Wenn er auf die rechte Seite tritt, empfindet das Tier eine unangenehme funktionelle Störung, die in ihm eine bestimmte Reaktion hervorruft.
Wie dem auch sei, als allererste Maßnahme im Falle von ernsten Problemen muß man das Pferd beruhigen, indem man es im Stillstehen auf der rechten Seite ausgiebig streichelt. Sodann macht man von einer List Gebrauch, wobei man das Pferd veranlaßt, die Vorhand zu bewegen und dabei nach links zu treten. In der Mitte der Reitbahn, die Longe mit der linken Hand nahe beim Kappzaum gefaßt, drückt man sanft aber bestimmt den Kopf des Pferdes nach links. Sobald es ein Vorderbein bewegt hat, treibt man es mit Zungenschnalzen vorwärts und weiter nach links. Auf diese Weise geht es dem Ausbilder voraus; falls es flüssig vorwärtsschreitet, kann dieser es auf der rechten Hand auf den Hufschlag führen. Wenn das nicht klappt, beginnt man diese Übung von vorn.
Wenn das junge Pferd willig auf der rechten Hand geht, führt man mit ihm die bereits auf der linken Hand gemachten Übungen aus.
Man soll immer wieder daran denken, jede Longierstunde mit Übungen zu beginnen, die das junge Pferd gut kennt und die es mit großer Bereitwilligkeit ausführt. Anschließend besteht man aber auch auf jenen, die es mit weniger Geschick anpackt. Es muß stän-

dig darauf geachtet werden, daß sich das junge Pferd nicht ermüdet oder langweilt.

Arbeit im normalen Abstand (Schritt und Trab)

Die vorhergehenden, allerersten Übungen sind im Schritt gemacht worden, da es überhaupt nicht in Frage käme, das junge Pferd bei einer Longenlänge von 1,50 m traben zu lassen. Die Aufgaben haben den Schüler mehr seelisch als körperlich beansprucht, und das ist gut so. Weil wir uns immer noch in der Anpassungsphase befinden, muß das junge Pferd, bei dem der Futterwechsel vielleicht eine gewisse Mattheit bewirkt hat, schonend behandelt werden. Zudem ist seine Muskulatur (vom Skelett schon gar nicht zu sprechen) noch wenig entwickelt; denn während seiner Kindheitsjahre auf der Weide bestand seine ganze körperliche Betätigung höchstens in einigen Freudensprüngen oder kurzen Galoppaden.
Wenn diese Übungen von unterschiedlich langen Spaziergängen an der Hand gefolgt worden sind, haben sie vollauf genügt. Das junge Pferd hat dabei gelernt, sich an eine wohlwollende Disziplin, die das Fundament seiner ganzen zukünftigen Karriere sein wird, zu gewöhnen. Es ist wichtig, daß es sie gleich von Anfang an akzeptiert. Später folgen mit einem guten Meister gemeinsam erlebte Freuden in Form von körperlicher Tätigkeit; in der Disziplin soll das Pferd den Auftakt dazu erkennen. Seine Persönlichkeit, durch geduldiges und kluges Training gefördert, wird sich auf diese Weise positiv entfalten können.
In diesem Sinne wollen wir uns jetzt an das Longieren im Normalabstand von rund 4 bis 5 m heranmachen. Falls die vorangehenden Übungen korrekt ausgeführt worden sind, sollten sich keine Schwierigkeiten einstellen, wenn man ein junges Pferd auf einem Zirkel von ungefähr 3 m Radius im Schritt herumgehen läßt. Jede Longenarbeit muß so begonnen werden, auch bei einem Pferd, das mit ihr völlig vertraut ist. Mit diesem bewährten Mittel lassen sich nämlich ungestüme Temperamentsausbrüche, die durch zu wenig Bewegung oder durch störende äußere Einflüsse hervorgerufen

werden, verhindern. Beim jungen Pferd weckt es die Erinnerung an die ersten Lektionen, was notwendig ist, um die Autorität des Ausbilders zu bestätigen.
Zu diesen Übungen faßt man Longe und Longenpeitsche nicht wie für die Arbeit in nächster Nähe, sondern umgekehrt. Auf der linken Hand hält die rechte Hand das Longenende und die Peitsche, und die linke Hand kontrolliert die Einwirkungen der Longe auf den Kappzaum; sie muß dabei eine gleichmäßige Verbindung mit dem Pferdekopf gewährleisten.
Zu Beginn läßt man das junge Pferd im Schritt auf dem Zirkel herumgehen und mehrere Male anhalten. Es ist hier darauf zu achten, daß es gerade auf dem Zirkel stehenbleibt, ohne sich zur Mitte zu wenden (Abb. 2). Um es daran zu gewöhnen, geht der Trainer bei jedem Anhalten zu ihm hin und streichelt es.

Antraben und Vergrößern des Zirkels

Jetzt fordert man das junge Pferd durch Zungenschnalzen zum Antraben auf. Wenn nötig, nähert man zuerst einfach die Longenpeitsche der Hinterhand; falls noch keine Reaktion eintritt, touchiert man sie mit der Schnur.
Das Antraben muß ganz ruhig und ohne Temperamentsausbruch vorsichgehen. Sollte aber das Pferd angaloppieren, ausschlagen oder Bocksprünge machen, muß der Ausbilder sofort die Longierpeitsche fallen lassen, ruhig und passiv bleiben, die Longe schön straff halten und sie allmählich verkürzen. Dabei muß er beruhigend und ohne allzuviele Worte auf das Pferd einreden. Danach kann dieses wieder im Schritt vorwärtsgetrieben werden, und der Befehl zum Antraben wird weniger impulsiv erteilt.
Sobald diese Übung auf einem Zirkel von 3 m Radius gut gelungen ist, vergrößert ihn der Ausbilder nach und nach, indem er selber einen kleinen Kreis beschreibt. Wenn das Pferd in regelmäßigem Takt auf einem Zirkel von 4 bis 5 m trabt, nimmt der Ausbilder allmählich seinen alten Platz ein und läßt dabei die Longe aus der Hand gleiten. Die Longe muß gleich von Anfang an immer leicht, aber konstant gespannt bleiben, ohne daß das Pferd übermäßig daran zieht oder sie durchhängen läßt, wenn es den Zirkel verkleinert.

Die erste Schwierigkeit taucht auf, wenn man den Kreis zu sehr vergrößert hat und das Pferd sein Tempo verstärkt. Es gibt drei verschiedene Mittel, um hier abzuhelfen.
Als erstes kann man in kurzen Abständen kräftig an der Longe ziehen, um den Widerstand des Pferdes zu brechen.
Die zweite Methode ist vorzuziehen, weil sie ohne Gewalt auskommt. Man bringt das Pferd in der Ecke der Reitbahn auf eine Volte. In den Abschnitten, wo die beiden Wände die Ecke bilden und es einrahmen, lockert man die Spannung der Longe. Nach einer gewissen Zeit lernt es, diese Spannung auszugleichen, ohne unbändig an der Longe zu zerren.
Das Pferd gibt nach und drückt nicht mehr so stark seitlich weg, wenn man schließlich – als dritte Methode – zum verhaltenen Trab auf einer kleineren Volte übergeht.
Um andererseits zu verhindern, daß das junge Pferd auf der normalen Volte die Longe durchhängen läßt, lenkt man es von der Mitte weg, indem man die Longierpeitsche auf seine Schulter richtet und diese eventuell mit dem Riemen berührt. Auch in diesem Falle kann man auf der verkleinerten Volte verhalten traben lassen. Somit erfüllt diese Übung gleich zwei Zwecke: Sowohl das Pferd, das zu stark an der Longe zieht, als auch jenes, das sie durchhängen läßt, lernt, die Spannung auszugleichen.
Gewisse Leute empfehlen, in solchen Momenten die Longe zu schlenkern. Dies soll man aber unter keinen Umständen tun. Es beeinträchtigt nämlich einerseits das Vertrauen, das das Pferd der Hand entgegenbringt, und andererseits das Verständnis für andere Hilfen, die vielleicht mit der Hand gegeben werden müssen. Beim Übergang vom Trab zum Schritt muß der Ausbilder unbedingt seine Stimme einsetzen, wie er es dem Pferd beim Schritt in nächster Nähe beigebracht hat. Trotzdem muß man eventuell leicht an der Longe ziehen, so wie damals als man den Schritt verkürzen oder anhalten wollte, und die Stimme allein nicht wirksam genug war.
Selbstverständlich wird diese Arbeit auf beiden Händen ausgeführt und umfaßt häufige Übergänge in den Schritt.
Für diese Übungen wählt man am besten eine der Ecken, auf die das Pferd von der langen Wand der Reitbahn her zugeht. Der Befehl zum Antraben wird in dem Moment gegeben, wo es auf den Huf-

schlag der langen Wand gelangt, d.h. bevor es die Ecke erreicht. Die Wände, denen es folgen muß, regulieren sein Tempo, und der Trainer braucht nicht mit der Longe einzugreifen, sondern hält sie konstant und mäßig gespannt.

Vergrößern und Verkleinern des Zirkels

Die oben beschriebenen Übungen werden je nach der Aufnahmefähigkeit des jungen Pferdes und dem persönlichen Geschick des Ausbilders über eine Periode von 2-4 Wochen ausgeführt. In dieser Zeit hat sich der Ausbilder in Händen und Armen Spannkraft und die nötige Präzision angeeignet, um mit dem Pferd in ständigem Kontakt zu bleiben, um seine inneren Reaktionen zu spüren und um ihm ganz deutlich die gewünschten Hilfen zu geben. Der Erfolg unserer nächsten Aufgabe hängt davon ab.

Diese verfolgt gleich zwei Ziele. Zuerst gestattet sie ein Verstärken des Trabes auf einem größeren Zirkel, wobei Ruhe und regelmäßiger Takt beibehalten werden müssen. Sie erlaubt aber auch ein Verkürzen des vielleicht zu schnell gewordenen Tempos, indem man auf die normale Volte zurückgeht.

Zweitens dient sie dazu, das junge Pferd durch Variationen in der Biegung seitlich zu lösen und um es darin zu üben, seine Hinterhand an die Wechsel der Biegung anzupassen, damit der Schub immer in Richtung Schwerpunkt gelenkt wird.

Um diese Lektion zu erteilen, begeben wir uns an das eine Ende der Reitbahn auf die Mittellinie, rund 7-8 m von der Ecke der kurzen Wand entfernt. Wir lassen das Pferd auf normalem Zirkel (4 m) antraben. Dann verkleinern wir vorerst einmal den Zirkel nach und nach auf 3 m. Wenn das Pferd dann die Longe schön straff hält, lassen wir sie ganz allmählich aus der Hand gleiten. Das Pferd fühlt sich dadurch angenehm befreit. Wir nutzen diese Situation sogleich aus: Solange das Pferd die Longe spannt, ohne sein Verhalten zu ändern, geben wir immer mehr davon frei, bis wir schließlich nur noch das Ende in der Hand halten.

Falls das Pferd übermäßig Tempo zulegt und angaloppiert, bremst man es zuerst mit der Stimme, dann verkleinert man vorsichtig den Zirkel, indem man vielleicht eine der Ecken ausnützt, um das Pferd einzuengen.

Wenn es andererseits die Longe durchhängen läßt und verhalten weitertrabt, muntert man es mit Zungenschnalzen auf. Um den Zirkel zu vergrößern, zeigt man mit der Longierpeitsche auf seine Schulter.
Wenn alles klappt, vergrößert man ganz allmählich den Zirkel, indem das Tempo leicht verstärkt wird. Umgekehrt verkleinert man den Zirkel, wozu der Trab zu verkürzen ist. Diese Übungen werden 2- bis 3mal auf jeder Hand wiederholt. Beim Übergang vom stärksten zum kürzesten Trab und umgekehrt muß das Pferd mehrere Volten ausführen.

Vorwärtsbewegung auf der Geraden

Wir haben dem Pferd bei der Arbeit in nächster Nähe bereits beigebracht, im Schritt abwechslungsweise geradeaus und auf dem Zirkel zu gehen. Nun handelt es sich darum, die gleiche Übung im Schritt und Trab bei normalem und sogar bei maximalem Abstand auszuarbeiten.
Man läßt das Pferd auf verkleinertem Zirkel (rund 3 m) in einer Ecke Schritt gehen (der Ausbilder steht demnach ca. 4 m von den beiden Eckwänden entfernt). Gerade bevor das Pferd den Tangentialpunkt mit der zweiten Wand erreicht, bewegt man sich ganz ruhig parallel zu dieser Wand und befindet sich so leicht vor dem Pferd. Dieses sieht sich den weiteren Weg auf dem Zirkel blockiert und wird auf dem Hufschlag bleiben.
Wenn das Pferd Tempo zulegt und dem Ausbilder so weit vorausgeht, daß er es nicht mehr geradeaus lenken kann, läßt er es eine Volte machen. Bevor es auf den Hufschlag gelangt, bewegt er sich wie vorher parallel zur Wand und beruhigt das Tempo mit ein paar in tiefem Ton ausgesprochenen Lauten.
Sobald diese Aufgabe gelungen ist, geht man eine Stufe weiter und wechselt in der Mitte der Reitbahn zwischen Schritt auf der Geraden und auf dem Zirkel ab. Das Pferd hat diese Übung richtig begriffen, wenn es korrekt durch die halbe Bahn wechseln kann.
Das gleiche wird sodann im Trab geübt. Hier werden sich allerdings Schwierigkeiten einstellen, weil man das Pferd auf einem größeren Zirkel (ungefähr 4 m) antraben lassen muß, damit der Übergang

vom Zirkel zur Geraden nicht zu abrupt wird. Die Autorität des Lehrers wird durch die Vergrößerung des Zirkels verringert. Dazu kommt, daß er sich nicht oder nur wenig bewegt, wenn das Pferd jeweils auf dem Zirkel geht. Jetzt muß er sich konstant, aber schnell bewegen, um dem trabenden Pferd nachzukommen und sich auf dessen Kopfhöhe zu halten. Für das Pferd ist es immer eine Überraschung, wenn sich der Mensch plötzlich aus der Unbeweglichkeit löst und läuft, um ihm den Weg abzuschneiden. Es kann auf zwei entgegengesetzte Arten reagieren:

Wenn das Pferd dem Ausbilder zuvorkommt – entweder, weil letzterer zu spät gestartet ist, oder ersteres sein Tempo beschleunigt hat –, wird die Longe brüsk stärker gespannt und lenkt das Pferd wieder auf die Volte. Dann muß man den Trab verkürzen und den Befehl zum Geradeausgehen wiederholen. Diesmal gebe man aber acht, sich rechtzeitig in Bewegung zu setzen oder die Geschwindigkeit des Pferdes zu bremsen, so wie es weiter oben in der Lektion im Schritt angegeben wurde. Im Falle von allzugroßen Problemen wiederholt man jene Übung.

Wenn der Ausbilder dem Pferd zu weit zuvorgekommen ist, wird jenes stehenbleiben und zu fliehen versuchen. Man muß es dann stillhalten, vorsichtig zu ihm hintreten und es streicheln. Dann läßt man es wieder auf der Volte antraben und versucht das nächste Mal geschickter vorzugehen.

Solange das Pferd den Sinn dieser Übung nicht richtig erfaßt hat, muß man sich auf alle Fälle darauf beschränken, sie nur wenige Male auf jede Hand am Schluß einer Arbeitsstunde zu verlangen. Am allerwichtigsten ist es, daß das Pferd dabei ruhig bleibt und in einer regelmäßigen, langsamen Kadenz trabt.

Wenn es diese Lektion verstanden hat, genügt es, den Mittelpunkt des vom Pferd durchlaufenen Zirkels zu verlassen und sich auf einer Parallelen zur Tangente dieses Zirkels zu bewegen (was den Winkel zwischen Longe und Längsachse des Pferdes vergrößert): Das Pferd wird die konstante Spannung der Longe aufrechterhalten, auf der Tangente den Zirkel verlassen und parallel zur Marschrichtung des Trainers weitergehen.

Andererseits muß der Ausbilder bloß stehenbleiben, damit das Pferd wieder auf den Zirkel geht.

Der Nichteingeweihte verfällt jedesmal in Staunen, wenn sich ein Pferd so an der Longe bewegt, ohne daß die geringste Hilfe des Ausbilders sichtbar wird.
Letzteren kann dieses gegenseitige Einvernehmen nur mit Begeisterung erfüllen!
Ganz prosaisch ausgedrückt bildet diese Beziehung einen Grundpfeiler der Ausbildung zum Hindernisspringen an der Longe.

Kapitel 2: Lektionen des Aufsitzens

Bevor wir das junge Pferd weiter an der Longe ausbilden, ist meiner Meinung nach der Moment gekommen, um uns mit der Lektion des Aufsitzens zu befassen, worin die Longe eine wichtige Rolle spielt. Ich habe schon erwähnt, wie oft diese Rolle falsch ausgelegt wird. Erst muß die Longe dazu gedient haben, beim Pferd Vertrauen zu erwecken und ihm eine gewisse Disziplin und eine einfache Sprache beizubringen*; dann wird sie eingesetzt, wenn das Pferd beginnt, unter dem Sattel zu gehen.

Sehr sensible Pferde empfinden das Aufsitzen zuerst als unangenehm. Unser junges Pferd aber, ausgerüstet mit seiner Grundausbildung, wird willig und schnell den Anforderungen der neuen Aufgabe nachkommen. Wie immer muß mit Ruhe, Sanftheit, Geduld und Geschick vorgegangen werden.

Alle Phasen – Auflegen des Sattels, Antraben, Besteigen durch einen Reiter und Fortbewegung unter seinem Gewicht – müssen ohne jegliche Verteidigung des jungen Pferdes ablaufen. Dazu geht man nach einem wohlausgedachten Plan vor. Seine Abstufung ist sehr eng; man darf nur dann jeweils einen Schritt weitergehen, wenn das Pferd weder Überraschung noch Abneigung gezeigt hat.

Bevor ich diese Methode erkläre, will ich sie anhand von einigen vielsagenden Anekdoten schildern.

Anekdoten

Im allgemeinen interessieren sich zwei große Gruppen von Menschen für das Pferd.

Zuerst haben wir die Züchter, deren Prestige auf Abstammung, Modell und schwungvollen Gängen ihrer Produkte aufgebaut ist, was an sich gerechtfertigt werden kann. Nur hört für sie das Interesse an der Reiterei auf, nachdem sich ein junger Reiter auf das Pferd geschwungen hat und ihm seinerseits schwungvolle Gänge vorschreibt.

* *In der Spanischen Hofreitschule in Wien werden diese Übungen über mehrere Monate fortgeführt.*

Auf der anderen Seite haben wir die Reiter, deren Ehrgeiz grenzenlos ist. Für sie ist ein junges Pferd Mittel zum Zweck, an dem sie ihre gut gelernten oder gut assimilierten Techniken anzuwenden gedenken.

Zwischen diesen beiden Familien trifft man auf einige wahre »Pferdekenner«. Sie sehen in ihrem vierbeinigen Kameraden weder nur den Sohn der Familie, der zum Brillieren geboren ist, noch einzig und allein einen Spitzenathleten, der nach gelehrten Theorien trainiert werden muß.

Die erste Hälfte meiner reiterlichen Karriere spielte sich im Bereiter-Milieu ab, wo ich den oben erwähnten Einfluß der »Technik« zu spüren bekam, der aber glücklicherweise durch einige bedeutende Pferdemenschen gemildert wurde. Dank dieser Umstände ist mir bis heute ein Vorwurf in Erinnerung geblieben, den mir mein hochgeschätzter Freund François de Noailles, Kamerad der Offiziersschule in Saumur, machte, nachdem ich ein besonders »ekliges« Rennpferd (war es wohl aus eigener Schuld so geworden?) bestraft hatte. Dieser brillante Gentleman-Reiter und gute Kamerad verfügte schon damals über die Erfahrung mit jungen Pferden, die mir noch fehlte.

Nach Kriegsende begann ich mich mit jungen Pferden zu beschäftigen, und es wurde für mich zur Offenbarung. (Eines von ihnen ist für die Erfindung des Gogue-Zügels verantwortlich.) Nicht nur hat sich meine Liebe zum Pferd vertieft, sondern ich habe in meiner Zureittätigkeit eine reiche Quelle von reiterlichem Wissen gefunden. Dieses entwickelte sich aus der Notwendigkeit, mit der unberührten und selbständigen Natur zurechtzukommen sowie aus dem Bedürfnis, die noch unbeeinflußten psychischen Reaktionen des Tieres zu analysieren.

Eine Begebenheit mit einem Soldaten, der in einem wichtigen Veterinärzentrum gegen 1946 seinen Dienst absolvierte, beeindruckte mich damals stärker als alles andere, was ich auf diesem Gebiet je erlebt hatte. Dieser Bursche – er war mit den täglichen Stallarbeiten beauftragt – hatte nie reiten gelernt. Eines Tages entdeckte ich ihn mitten im Hof des Quartiers, wie er ohne Sattel auf einem Pferd saß, das noch vor einem Monat alle seine Reiter innerhalb kürzester Frist abgeworfen hatte. Ich war fasziniert und fragte ihn sogleich aus, wie er es bewerkstelligt hatte, dieses erzwiderspenstige Tier gefügig zu machen. Ganz überrascht blickte er mich an und sagte einfach, er habe eine Zuneigung zu diesem Außenseiter gefaßt. Er verweilte jeweils lange Zeit bei ihm im Stall, liebkoste ihn, sprach mit ihm, um schließlich auf seinen Rücken zu klettern.

Was die geübten Reiter (oder jene, die es zu sein glaubten) mit Gewalt nicht hatten durchsetzen können, gelang einem einfachen Pferdepfleger ohne Schwierigkeiten, weil er sich in das Pferd verliebt und sein Vertrauen gewonnen hatte.

Was für eine Lehre! Dieser Bursche war vielleicht nicht fähig, Bereiter zu werden, aber er trug den Stempel eines echten Pferdefreundes.

Seitdem habe ich zahlreiche berüchtigte widerspenstige Pferde umschulen müssen. Ich habe mich immer mit Erfolg von diesem Beispiel leiten lassen und kann es nicht warm genug zur Nachahmung empfehlen. Auch wir wollen ihm nun ohne weiteren Verzug folgen*.

Auflegen des Sattels

Bevor man dem jungen Pferd den Sattel auflegt, gewöhnt man es während ein paar Tagen daran, im Stall einen Longiergurt zu tragen, der nach und nach enger geschnallt wird.

An dem Tag, an dem das Auflegen des Sattels vorgesehen ist, beginnt man das Pferd mit dem Longiergurt zu longieren. Nach kurzer Zeit verlangt man eine ganze Parade und läßt das Pferd von

** Im anschließenden Aufbau habe ich die Hilfe eines Assistenten vorgesehen. Dies muß eine ruhige Person sein, die mit dem von mir beschriebenen Vorgehen vertraut ist.*

Es ist allerdings verschiedene Male vorgekommen, daß ich bei sehr schwierigen Pferden allein arbeiten mußte. Das Vertrauen, das ich den Tieren nach und nach abgewinnen konnte, hat es mit immer erlaubt, sie widerstandslos ans Ziel zu bringen. Ich habe in diesem Sinne sogar verschiedene Wetten über junge Pferde gewonnen, die trotz der Behandlung durch »qualifizierte« Personen ihre Reiter ohne geringsten Verzug abwarfen. Wie kann man nach einer solchen Zutrauensbezeugung noch an der Freundschaft mit dem Pferd zweifeln!

einer Person halten, die gerade vor ihm steht. Dieser wird auch die Longe übergeben. Jetzt bringt man den Sattel (ohne Bügel und Gurt) und zeigt ihn dem jungen Pferd, so daß es ihn beschnuppern kann. Gleichzeitig streichelt man es, damit es begreift, daß dieser Gegenstand keine Gefahr bedeutet. Man legt ihn dann ganz vorsichtig hinter den Widerrist und schiebt ihn in seine normale Lage. Während dieser Zeit hat der Assistent das junge Pferd ständig gestreichelt und festgehalten, damit es nicht fortlaufen konnte. Man geht auf die rechte Seite herum und befestigt den Gurt; er wird zugeschnallt, aber nicht zugezogen. Dann führt man das Pferd ein paar Augenblicke lang im Schritt, bevor man leicht anzieht. Schließlich verlangt man verhaltenen Trab auf einer kleinen Volte. Durch das Antraben übt der Gurt einen Druck auf die Brust aus, was beim Pferd zu einer Reaktion führen kann. In diesem Fall läßt man es wieder Schritt gehen und streichelt es, bevor man es erneut zum Antraben auffordert. Wenn es sich dabei ruhig verhält, kann man die Bügel einschnallen und hängen lassen.

Aufsitzen

Wie die vorangegangene Stufe der Ausbildung verläuft auch die nächste bei vielen jungen Pferden völlig problemlos. Man muß aber unbedingt eher zu viel als zu wenig Vorsicht walten lassen; da man keine Ahnung über die zu erwartende Reaktion hat, soll man sich auf das Schlimmste gefaßt machen.

Zu Beginn setzt man einen leichten Reiter ohne Sattel aufs Pferd. Der Ausbilder hält die Longe, und das Pferd steht unbeweglich da. Der Ausbilder faßt den Fuß des Reiters und hilft ihm, sich bäuchlings über das Pferd zu legen. Wenn das Tier reagiert, läßt sich der Reiter zu Boden gleiten und streichelt es. Sodann beginnt man die Übung etwas behutsamer von vorn. Auf dem Bauch liegend streichelt der Reiter die rechte Schulter des Pferdes. Der Trainer läßt es ein paar Schritte vorwärtsgehen und wieder anhalten. Der Reiter schwingt nachher ganz vorsichtig das rechte Bein über die Kruppe und setzt sich mit langsamen und wohldosierten Bewegungen rittlings auf. Der Ausbilder läßt das Pferd mehrere Male vorwärtsgehen und wieder anhalten. Anschließend wiederholt man die gleichen Übungen mit dem Sattel.

Die Hilfen werden geübt

Sobald das junge Pferd begriffen hat, wie das Aufsitzen vor sich geht, kann man es entweder gleich am ersten Tag oder in den nächsten Tagen mit den Schenkelhilfen bekannt machen. Die Stimme wird dazu beim Anreiten im Schritt mit der Einwirkung des Schenkels kombiniert.

Hernach schnallt man dem Kappzaum ein Trensengebiß ein. Der Reiter beschränkt sich darauf, im Augenblick, in dem der Ausbilder die Befehle gibt, diskret mit den Hilfen einzusetzen. Später erteilt seine Stimme anstelle der des Ausbilders die Befehle, die er mit Hand oder Schenkel begleitet.

Das junge Pferd wird so lange longiert, bis es die Wirkungen der Hilfen an der Longe völlig assimiliert hat; erst dann besteigt es der Ausbilder. Die Arbeit im Sattel vorzustellen, sprengt den Rahmen dieses Buches. Jedenfalls muß sie von den gleichen Prinzipien wie die Longenarbeit geleitet werden, da sich diese beiden Ausbildungsformen ergänzen. Sie müssen während der ganzen Zureitperiode und sogar später, wie wir noch sehen werden, nebeneinander angewendet werden.

Kapitel 3: Die Gymnastizierung des jungen Pferdes

Programm

Wir haben einen guten Monat gebraucht, um an den Punkt zu gelangen, wo wir jetzt stehen. Der Fortschritt mag dem Ausbilder langsam vorgekommen sein; für das junge Pferd jedoch hat die Arbeit eine wesentliche seelische Belastung mit sich gebracht. Sie wurde allerdings durch das verständnisvolle Vorgehen des Lehrers und durch die sehr geringen physischen Anforderungen erträglich gemacht. Im Gegensatz dazu stellen die nun folgenden Monate für das Pferd eine seelische Ruhepause dar, beanspruchen es aber in körperlicher Hinsicht intensiver, wenn auch immer noch mäßig. Der Ausbilder muß noch mehr Geduld, noch mehr Zeit aufwenden. Denn die Natur unterliegt einem langsamen Rhythmus; wenn wir uns mit ihr beschäftigen, müssen wir uns ihren Gesetzen fügen. Eile führt höchstens zu Mißerfolgen.

Bevor das junge Pferd 4 Jahre alt geworden ist (bei spätreifen Individuen wartet man sogar ein paar Monate mehr), nehmen wir aus diesem Grund keinerlei gymnastische Arbeit vor, die auch nur mit der geringsten Anstrengung verbunden ist. Wir longieren fast ausschließlich im Trab. Den berittenen Trab im Gelände unterbrechen wir mit langen Abschnitten im flüssigen Schritt und erlauben uns in der Woche zwei kurze Canter auf gutem Boden.

Tägliche, regelmäßige Bewegung ist unerläßlich und beschränkt sich auf 3/4 Stunden in der Reithalle oder auf dem Reitplatz und auf eine gute Stunde im Gelände.

Das Longieren entwickelt nicht nur die körperlichen Kräfte des Pferdes, sondern trägt dazu bei, seinen Gängen einen harmonischen Bewegungsablauf und gleichmäßigen Rhythmus zu verleihen, und den Körper an die durchlaufenen Linien anzupassen, nämlich gerade auf den Geraden, gestellt in den Wendungen. Zusätzlich fördert man Reflexe, Berechnung und Geschicklichkeit, indem man Stangen auf den Boden legt und das Pferd darübergehen läßt.

Kontrolle über den Bewegungsablauf

Auf der Weide trabt oder galoppiert das Fohlen nur dann, wenn es mit seinen Gefährten spielen oder davonrennen will. Seine Bewegungen sind dabei recht kurz und ungelenk. Säße in diesem Augenblick ein Reiter auf seinem Rücken, wäre es ihm sehr unbequem und er verlöre leicht das Gleichgewicht. Er hätte überhaupt keine Möglichkeit, ihm irgendwelche Hilfen zu geben und würde höchstens noch zur Unordnung beitragen. Um zwischen Pferd und Reiter Harmonie zu erzielen – die Voraussetzung für den Erfolg des Paares – muß zuerst der Bewegungsablauf des jungen Pferdes unter Kontrolle gebracht werden.

Der Trab ist die geeignetste Gangart, um das junge Pferd an eine regelmäßige Bewegung zu gewöhnen, weil er symmetrisch ist. Zudem erlaubt der Trab, das Tempo zu bestimmen und die Kadenz zu variieren, während das Pferd aktiv vorwärtsgehen soll.

Der Ausbilder muß ständig zwei Ziele anstreben: das Erreichen einer langsamen, aber schwungvollen Kadenz, und die Förderung der größtmöglichen Streckung der Gänge ohne die Ruhe, die Gelöstheit und das Gleichgewicht zu stören.

Durch das Verkleinern des Zirkels erreicht man die langsame Kadenz, durch das Vergrößern des Zirkels die Streckung der Bewegungen. Die Übergänge müssen immer ganz allmählich vorgenommen werden. Dies gilt vor allem für die Verstärkung, weil der langsame Rhythmus, der auf dem verkleinerten Zirkel erreicht worden ist, nicht verlorengehen darf.

Das Ausarbeiten des korrekten Trabs geschieht nicht in ein paar Lektionen. Diese Aufgabe beschäftigt uns lange Zeit: sie wird während der ganzen Laufbahn des Pferdes, in welcher Disziplin es auch eingesetzt wird, immer wieder aufgegriffen.

Die Kontrolle über den Galopp kann für das junge Pferd nicht ins Auge gefaßt werden. Wir behandeln diesen Schritt im Ausbildungskurs für das erwachsene Pferd.

Das Pferd geht in Stellung

Es gibt wahrscheinlich gar keine oder nur ganz wenige Pferde, die in ihrer Längsachse vollkommen symmetrisch sind. Die meisten sind nach einer Seite gebogen, und zwar am häufigsten nach links.

Sie beugen ihren Hals mühelos nach links, ja sogar oft in übertriebenem Maße, während sie bei einer Biegung nach rechts eine gewisse Steifheit zeigen. Wenn dem nicht abgeholfen wird, behält das Pferd seine Asymmetrie bei, die im Spring- oder Dressursport recht hinderlich ist. Entgegen der oft geäußerten Meinung sind bei der Biegung nach links die Muskeln auf der linken Halsseite steif, und jenen auf der rechten Seite fehlt die Spannkraft. Daher müssen erstere geschmeidig gemacht und letztere gestärkt werden. Diese Arbeit wird durch Ausbindezügel, die die Reiterhand ersetzen, wesentlich erleichtert.

Um die linksseitigen Muskeln geschmeidig zu machen, läßt man das junge Pferd auf kleinem Zirkel im verhaltenen Trab auf der rechten Hand gehen. Wenn man die Longe spannt, um seine Nasenspitze nach rechts zu wenden, bietet es Widerstand. Um diesen zu überwinden, zieht man im Moment, wo das rechte Vorderbein vom Boden abhebt, kräftig an der Longe. Diese Bewegung wird bei jedem ganzen Schritt wiederholt, bis das Pferd nachgibt und den Hals beugt. Gleichzeitig muß man sehr aufmerksam mit Stimme und Longierpeitsche eine flotte Vorwärtsbewegung aufrechterhalten, ohne aber die Kadenz des Trabs zu stören.

Diese Übung kann auch im Schritt ausgeführt werden, wo als Folge der natürlichen Pendelbewegung und seitlichen Schwingung des Kopfes das Biegen des Halses leichter fällt.

Um die rechtsseitigen Muskeln zu stärken, läßt man das Pferd in mäßig verlängertem, aber ruhigem Trab auf der linken Hand einen Zirkel von 5-6 m Radius ausführen, und erhöht nach und nach die Spannung der Longe. Das junge Pferd wird mit den rechtsseitigen Halsmuskeln einen steigenden Widerstand bieten, was diese mit der Zeit kräftigt.

Solche Übungen dürfen nur von kurzer Dauer sein, sollen aber regelmäßig gemacht werden. Sehr bald wird man in der Arbeit im Sattel beim Handwechsel den positiven Effekt spüren, und dies ganz besonders, wenn beim Longieren der Hauptakzent auf häufigen Wechseln zwischen Bogen und Geraden gelegt wird.

Überschreiten von Stangen auf dem Boden

Wenn ein Reiter ein junges Pferd zu kaufen gedenkt, will er oft wissen, wie es um dessen Veranlagung zum Springen steht, auch wenn er keine Absicht hegt, an Konkurrenzen teilzunehmen. Züchter oder Händler lassen es sich nicht nehmen, diesem Wunsch zu genügen oder gar zuvorzukommen, indem sie Jungtiere ab Weide oder mit sehr wenig Vorbereitung zu dieser Übung, die den natürlichen Veranlagungen des Pferdes fremd ist, springen lassen.

Solche Vorführungen haben keine große Aussagekraft. Es gibt frühreife Individuen, denen die ersten Hindernissprünge in Freiheit keine großen Probleme bereiten; je länger sie aber gearbeitet werden, desto mehr offenbaren sie die Grenzen ihrer Möglichkeiten. Auf der anderen Seite haben wir leicht beeindruckbare oder bedächtige Pferde, die eine so große Neuheit völlig verwirrt, die sich aber durch eine vorsichtige und vernünftige Ausbildung zu großen Springpferden entwickeln können.

Im einen wie auch andern Fall sieht sich der Ausbilder eines jungen Pferdes, was diesem auch immer für eine zukünftige Rolle bestimmt ist, der zweifachen Verpflichtung gegenübergestellt: das kluge Einfühlen in seine Arbeitsmoral und die Gesunderhaltung der Beine. Mit verfrühtem Hindernisspringen riskiert man Schaden an der einen wie an den andern.

Andererseits ist es von großem Vorteil, das junge Pferd frühzeitig mit Stangen auf dem Boden bekannt zu machen. Erstens gewöhnt man es so daran, den Boden, über den es sich bewegt, aufmerksam zu betrachten und die dort befindlichen Hindernisse abzuschätzen. Zweitens lernt es seine Bewegungen zu berechnen, um zu verhüten, daß es diese Hindernisse berührt.

Auf diese Weise fördert man ohne übertriebene körperliche Anstrengung oder seelische Belastung seine Reflexe und seine Berechnung und entwickelt seine Geschicklichkeit.

Man beginnt mit einer einzelnen Stange, die am besten quer zum Hufschlag gelegt wird. Der Ausbilder läßt das junge Pferd auf dem Hufschlag Schritt gehen und bleibt ganz in seiner Nähe. Vor der Stange spricht er mit ihm und streichelt es. Wenn es stoppt und die Stange anschaut, bleibt er auch stehen, wartet einen Augenblick, überschreitet dann die Stange und fordert das Pferd auf, ihm darü-

ber zu folgen. Falls es verweigert, macht er einen Halbkreis, geht einen Moment neben ihm her und führt es wieder zu der Stange zurück; dort muntert er es durch Zungenschnalzen und leichtes Berühren mit der Bahnpeitsche zum Überschreiten der Stange auf. Sobald sie passiert ist, hält er an und lobt das Pferd.
Anschließend muß es im verhaltenen Trab in beiden Richtungen auf kleinem Zirkel, der nach und nach vergrößert wird, über die Stange gehen.
Diese Übung, die von seiten des Pferdes keinerlei Kraftaufwand erfordert, kann während der Longierstunde in Abständen immer wieder aufgenommen werden. Man darf ohne weiteres auch mehrere Stangen an verschiedenen Punkten außerhalb des Hufschlags plazieren und das Pferd auf frei gewählten Linien darübergehen lassen. Es ist stets darauf zu achten, daß sie das Pferd ruhig, aber flüssig passiert und sich weder verlangsamt noch drängt.

Überschreiten von mehreren hintereinander liegenden Stangen

Sobald unser junges Pferd gelernt hat, beim Angehen der Stange seine Schritte korrekt zu berechnen und sie in einem regelmäßigen, raumgreifenden Trab zu überqueren, was bei einigen Pferden mehrere Longenstunden erfordern kann, legt man zwei Stangen auf den Hufschlag, und zwar je nach Größe des Pferdes und Länge seiner Schritte rund 1,2-1,5 m auseinander. Sowie es geschickter wird beim Bemessen seiner Schritte vor der ersten Stange, was die Voraussetzung ist für das korrekte Passieren der zweiten, soll man diesen Abstand allmählich vergrößern.
Bei einem kurzen Abstand zwischen den beiden Stangen kann das Pferd versuchen, beide in einem Sprung zu nehmen, oder seine Aktion zu verkürzen. Ein zu großer Abstand hingegen zwingt es, zwischen den beiden zusätzlich einen kleinen Schritt einzuschalten. Beim Einteilen des Abstandes muß man sich also dies vor Augen halten.
Die Zahl der Stangen kann nach und nach auf drei bis vier erhöht werden; auch darf der Abstand zur Abwechslung auf zwei Schritte verlängert werden, was vom Pferd noch mehr Aufmerksamkeit verlangt.

Cavaletti

Sobald das Pferd die auf den Boden gelegten Stangen regelmäßig und geschickt passiert, kann man zur Cavaletti-Arbeit übergehen. Hier gelten die gleichen Regeln wie bei den Stangen auf dem Boden. Die Höhe der Cavaletti darf 25 cm nicht überschreiten, sonst neigt das Pferd dazu, die Kadenz des Trabs zu brechen und mit der Vorhand einen kleinen Sprung zu machen.

Zu Beginn arbeitet man mit einem einzigen Cavaletto und legt im Abstand eines Trabschrittes, das heißt rund 2,5 m, noch eine Stange davor auf den Boden. Letztere wird später auf den Abstand eines

Abb. 6: Trabarbeit auf mittelgroßem Zirkel. Das Pferd ist durch die Übungen mit auf dem Boden liegenden Stangen geschult worden, das Terrain zu beobachten. Es zeigt dabei eine schöne Dehnung des Halses, die durch die Stellung auf dem kleinen Zirkel noch unterstützt wird. Seine Haltung ist übrigens so ausgeprägt, weil es die Übungen mit Hilfe des »Gogues« gemacht hat.

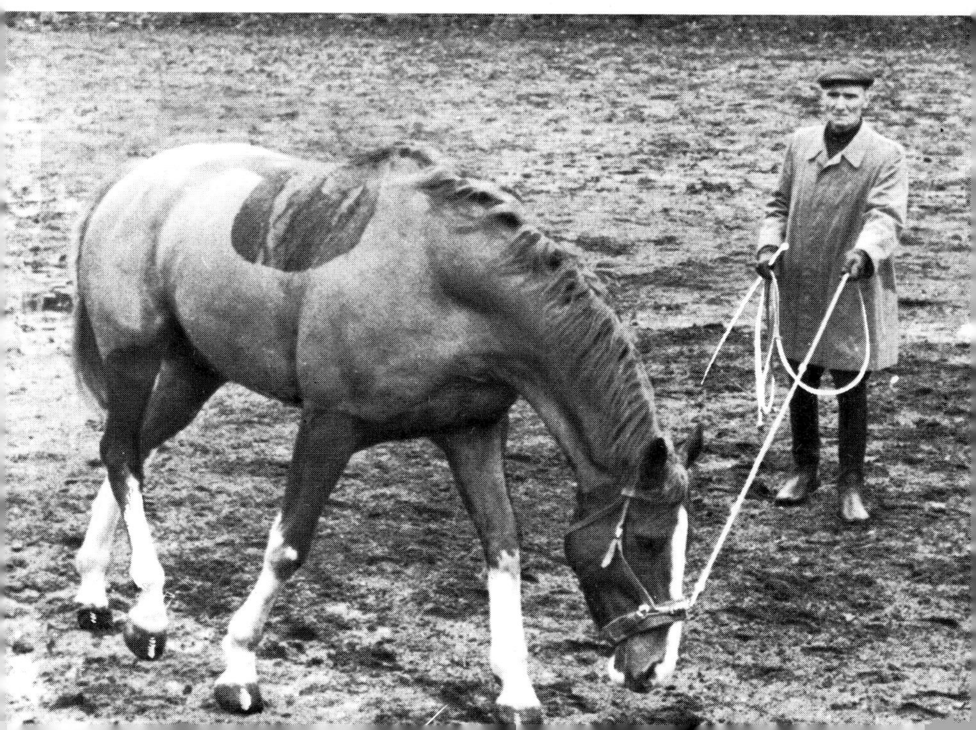

halben Schrittes nähergeschoben. Im weiteren legt man noch eine Stange hinter dem Cavaletto auf den Boden, die schließlich durch ein zweites Cavaletto ersetzt wird.
Hier enden für das junge Pferd die Anforderungen der Cavaletti-Arbeit. In diesem Stadium der Ausbildung verfolgen wir eigentlich das Ziel, den Bewegungsablauf des Pferdes abzurunden, ohne dabei eine merkliche Verstärkung des Vertikalschubs seiner Masse anzustreben. Auf diese Weise erreichen wir, daß die Extremitätengelenke an Flexibilität und Elastizität gewinnen, zwei Eigenschaften, die die Sicherheit in den Gängen und das Gleichgewicht in allen Situationen zu garantieren vermögen. Unsere Arbeit auf geschlossenem, kleinem Raum bildet eine wichtige Ergänzung zum Geländereiten über verschiedenartiges Terrain, da ja die Möglichkeiten der berittenen Arbeit durch die Verstädterung unserer Umwelt immer mehr beschnitten werden (Abb. 6).

Galopparbeit

Wir haben oben schon erwähnt, daß der Trab die Hauptgangart in der Ausbildung des jungen Pferdes ist, daß aber Ausritte im Gelände ein paar kurze Canter umfassen dürfen. Die Galopparbeit an der Longe soll erst spät begonnen und in sehr beschränktem Maße ausgeführt werden. Bevor man überhaupt damit anfängt, muß der Gehorsam des jungen Pferdes gegenüber den Befehlen des Ausbilders gut gefestigt sein. Weil es von Natur aus in großen, weiten oder schnellen Sprüngen galoppieren wird, eignen sich solche Übungen schlecht auf kleinem Zirkel. Wir müssen ihn daher vergrößern. Nun aber wissen wir, daß sich das Pferd um so leichter der Beherrschung durch den Ausbilder entziehen kann, je weiter es von ihm entfernt ist. Oft wird es in unkontrollierten Galopp fallen und wilde Bocksprünge machen, die seine Beine gefährden.
Die Faustregel für diese Arbeit lautet also, sie in einer Ecke und am besten in der Reithalle oder auf einem Reitplatz mit gutem Boden und in ruhiger Umgebung in Angriff zu nehmen.
Die Hauptschwierigkeit bietet der Befehl zu Angaloppieren, was in Ruhe und ohne übermäßiges Verstärken des Trabs geschehen soll. Man darf das Pferd dabei nicht überfallen. Der Ausbilder muß die geeigneten Bedingungen herausfinden, die es, ohne zu er-

schrecken, in Galopp übergehen lassen. Diese können so verschieden sein wie die Temperamente der junge Pferde selbst.
Als allgemeine Richtlinie wird der Befehl erteilt, gerade bevor das Pferd den Hufschlag der langen Wand erreicht. Letztere wirkt als Kanal und verhindert gleichzeitig, daß es weder ausbrechen noch schief mit der Hinterhand nach außen gehen kann. Während eines halben Umgangs können wir also den Befehl wiederholen, ohne mit der Longe aktiv einzugreifen und so die Vorwärtsbewegung und die Stellung des Pferdes zu stören, was riskieren würde, daß es falsch angaloppiert.
Der Radius des Zirkels muß ziemlich groß sein. Mit einem ruhigen Schüler kann die Longe fast am Ende gehalten werden, während sich der Ausbilder bei einem heftigen Pferd in mittlerer Distanz auf einem zum Zirkel konzentrischen Kreis bewegen muß, was bei Bedarf den Einsatz der Longierpeitsche erleichtert.
Der Befehl zum Angaloppieren darf nur dann gegeben werden, wenn das Pferd langsam, aber flüssig auf dem Zirkel trabt. Man beginnt, es mit klangvollem Zungenschnalzen anzutreiben, und unterstützt dies mit der Bahnpeitsche, deren Griffende gegen die Kruppe gerichtet wird. Was jetzt auch immer geschieht, jede treibende Hilfe wird sofort abgebrochen, sobald das Pferd aus der Ecke an der kurzen Wand herausgeht: damit wollen wir verhindern, daß es gegen die Mitte der Reithalle ausbricht.
Wenn es zu schnell angaloppiert ist, bremst man sein Tempo, indem man ihm in ruhigem, ernstem Ton zuredet und sukzessive den Radius der Volte verkleinert, bis es anhält. Dann geht man zu ihm hin und streichelt es.
Man läßt es wieder auf dem Zirkel in der Ecke Schritt gehen. Dann gibt man mehrere Male hintereinander den Befehl zum Antraben, und zwar an dem Punkt des Hufschlags, wo man das Angaloppieren verlangen will und achtet besonders darauf, daß die Übung sauber und ruhig ausgeführt wird. Durch die Intensivierung des Kommandos zum Antraben wird dann gewöhnlich das Angaloppieren erleichtert. Ein gelöstes Pferd darf man dabei sogar ganz deutlich mit dem Schlag der Bahnpeitsche auf der Hinterbacke berühren.
Zusammenfassend sei das Wichtigste an dieser Übung hervorgehoben, nämlich daß das Pferd nicht langanhaltend galoppiert, son-

dern daß es korrekt, sauber und ruhig angaloppiert und ein paar Runden oder sogar nur einige schön kadenzierte Galoppsprünge ausführt. Das Pferd wird es selbst dem Ausbilder zeigen, wie es nach und nach an Durchhaltevermögen im Galopp auf dem Zirkel gewinnt. Man muß nachher den richtigen Moment erkennen, um den guten Willen der talentierten Schüler nicht zu mißbrauchen.

Sprünge über kleine Hindernisse

Wenn das junge Pferd systematisch und vernünftig gearbeitet worden ist, wird es gegen Ende seines vierten Lebensjahres volles Vertrauen in seinen Ausbilder gewonnen haben und dessen Befehle genau verstehen und willig ausführen. Die disziplinierte Arbeit, die nach und nach die wilde Ausgelassenheit seiner Kindheit ersetzt, beginnt ihm Spaß zu machen. Dann ist der Moment gekommen, wo es lernen soll, seine früheren Freudensprünge in einen beherrschten Bewegungsablauf umzuwandeln.

Es geht natürlich noch nicht darum, ihm eine Springtechnik für verschiedenartige Hindernisse beizubringen. Vielmehr zeigt man ihm, wie es eine niedere Stange springen soll, wobei – im Gegensatz zur Cavaletti-Arbeit, wo die Gangart streng eingehalten werden muß – der Trab hier erst im letzten Tritt unterbrochen wird.

Zu dieser neuen Übung braucht man Ständer, die die Stange nicht überragen, weil sonst die Longe daran hängenbleiben könnte. Die üblichen Ständer sind also völlig ungeeignet, auch wenn die Stange aufgesteckt werden kann, denn wenn die Longe diese nur schon streift, erfolgt ein unangenehmer Ruck auf das Nasenbein des Pferdes. Auf diesem Gebiet kann man seiner Phantasie freien Lauf lassen und verfügbare Gegenstände aufstellen (Kisten, Fässer, etc.), oder Ständer schaffen, die sich durch Hebevorrichtung oder durch verschiedene Neigung in der Höhe verstellen lassen. An der Wand benützt man fixierte Halter oder in Löcher gesteckte Löffel.

Die Stange wird rund 10 m vor der Ecke an der langen Wand auf dem Hufschlag aufgestellt, damit das Pferd nach dem Sprung nicht davonstürmt und dem Ausbilder entwischt. Die Höhe soll 50 cm nicht überschreiten. Man legt keine Stange vor dem Hindernis auf den Boden. Dieser letzte Punkt ist von außerordentlicher Bedeutung und muß später in der Springausbildung des Pferdes bis zu

einer Stangenhöhe von 1 m oder sogar mehr befolgt werden. Der Zweck ist, das Pferd mit dem einzigen Anhaltspunkt des oberen Hindernisrandes springen zu lehren, ohne daß es durch eine am Boden liegende Stange abgelenkt wird.
Bevor wir unser Pferd springen lassen, bereiten wir es psychologisch darauf vor. Zuerst führen wir es zur Stange und zeigen sie ihm (und lassen es daran schnuppern), wobei wir es streicheln. Danach soll es ca. 10 m von der Stange entfernt auf einem Zirkel mit dem Hufschlag als Tangente traben. Während es so eine Serie von Kreisen durchläuft, die immer den Hufschlag berühren, nähern wir uns allmählich dem Hindernis, so daß sein letzter Kreis 1 bis 2 m vor diesem vorbeiführt. Das Pferd sollte bis dahin in einem ruhigen, aber flotten Trab gehalten werden, so daß die besten Voraussetzungen für den Sprung erfüllt sind. Nachdem es ein paarmal ganz nahe beim Hindernis vorbeigetrabt ist, bestimmt der Ausbilder den Moment, in dem es springen soll. Dazu genügt es, gerade bevor das Pferd den Hufschlag erreicht, parallel zu diesem in Richtung Stange etwas vorzugehen. Der Schwung wird durch Zungenschnalzen und ein Annähern der Longierpeitsche aufrechterhalten. Alles muß entsprechend der Aufnahmefähigkeit des Pferdes wohl dosiert werden, um ein Verweigern oder einen überstürzten Absprung zu verhindern.
In ersterem Fall darf man den Schüler nicht schimpfen, sondern soll die Übung mit etwas mehr Autorität wiederholen.
Im zweiten Fall beruhigt man das Pferd; man führt es vom Hindernis weg und läßt es in der Mitte der Reitbahn eine kurze Weile Schritt und Trab gehen. Dann nähert man sich wieder dem Hindernis und heißt es ein paarmal anhalten, wenn es in Richtung Stange jeweils auf den Hufschlag gelangt. Wir streicheln es bei jeder ganzen Parade und lassen es nicht springen, wenn es im verhaltenen Trab in Richtung Hindernis nicht ruhig bleibt. Wenn man gerade vor dem Absprung das Wort, mit dem man es anzuhalten pflegt, ausspricht, kann man noch verhüten, daß es im letzten Moment vor dem Sprung drauflosdrängt oder nachher davonstürmt. Eine letzte Möglichkeit ist, die Stange näher zur Ecke hin zu verschieben. Jedenfalls ist es bei einem heftigen und empfindlichen Tier von Vorteil, ohne Longierpeitsche zu arbeiten.

Ein wichtiger Hinweis

Weil Ruhe die unerläßlichste Voraussetzung für gute Arbeit ist, stellen wir mit Vorteil ein sinnvolles Gleichgewicht zwischen Futter und Arbeit (deren Regelmäßigkeit von größter Bedeutung ist) her. Ein unterernährtes Pferd oder eines, das zu einer sporadischen und zu strengen Arbeit herangezogen wird, sieht sich im Wachstum benachteiligt und macht keine Fortschritte in seiner Ausbildung. Im Gegensatz dazu ist das Pferd bei einem Übermaß an Hafer schwierig zu beherrschen, und es riskiert, sich bleibende Mängel oder Schäden zuzufügen.

Rückblick

Nun befinden wir uns am Ende der Ausführungen über die verschiedenen Lektionen für das junge Pferd, auf denen seine Ausbildung mit Hilfe der Longe aufgebaut ist.

Die Folge dieser Übungen hat sich im Wesentlichen folgende Ziele gesetzt:

1. Das junge Pferd soll lernen, willig die notwendige Disziplin anzunehmen. Diese wird erreicht durch den Einsatz von überzeugender, gerechter und wohlwollender Autorität, die würdig ist, sein Vertrauen und seinen Gehorsam zu gewinnen.

2. Sein Bewegungsablauf muß unter Kontrolle gebracht werden. Vor allem der Trab soll in einer langsamen, schwungvollen Kadenz ablaufen, die von energischen, raumgreifenden Bewegungen der Beine gekennzeichnet wird.

3. Dem Pferdekörper wird Stellung gegeben, indem er sich durch die Fortbewegung auf dem Zirkel geschmeidig den Wendungen anpaßt.

4. Seine Reflexe und seine Berechnung werden beim Passieren von Cavaletti geschult. Das Pferd lernt, sich geschickt und kalkuliert zu bewegen.

5. Schließlich wird ihm beigebracht, durch einen elementaren Sprung im Trab über Stangen auf geringer Höhe sein Gleichgewicht zu verändern und wiederherzustellen.

Diese verschiedenen Übungen sind so behandelt worden, daß sie jedem gewissenhaften und sorgfältigen Reiter verständlich werden. Deshalb sind alle kleinsten Einzelheiten der Aufgaben, die ihren Erfolg bestimmen, so ausführlich dargelegt worden.
Der Erfolg hängt allerdings nicht nur von der alleinigen Anwendung des hier besprochenen Programms ab. Zwei wichtige Faktoren, die unmöglich vorausbestimmt werden können, müssen individuell

festgelegt werden: die zeitliche Folge und die Dosierung all dieser Übungen. Diese beiden Faktoren sind von Pferd zu Pferd verschieden. Der Ausbilder berücksichtigt das Temperament seines Schülers, den Grad seiner Aufnahmefähigkeit für die behandelten Lektionen und die Auswirkungen der Arbeit auf seinen physischen und psychischen Zustand: es liegt dann an ihm allein, das Programm zeitlich einzuteilen.

Die goldene Regel lautet so: lieber zu wenig als zu viel, damit die Möglichkeiten des Augenblicks nie überschritten werden. Was gut erfasst worden ist, erleichtert immer das Aufnehmen von dem, was noch zu lernen ist. Manchen Ausbildern mögen die Monate des Wartens als verlorene Zeit erscheinen: sie machen sich später immer als gewonnene Jahre bezahlt.

Wie dem auch sei, die Ausbildung des jungen Pferdes, das mit drei Jahren von der Weide kommt, setzt eine tägliche Arbeit voraus, deren Dauer zwischen 6 Monaten und 1 Jahr variieren kann.

Die Bedeutung des Longierens gegenüber dem Reiten nimmt allmählich ab. Am Anfang wird ausschließlich longiert; nachdem das Pferd zum ersten Mal geritten worden ist, nimmt diese Art von Arbeit zwei Drittel der Lektionen ein, d. h. 4 von 6 Tagen, um sich schließlich auf 2 Tage in der Woche zu reduzieren.

Wenn der Boden gut ist, sind Reitplatz oder umzäunte Weide der Reithalle vorzuziehen, sobald das junge Pferd gehorsam an der Longe geht. Ebenso soll die Arbeit im Sattel so häufig als möglich im Freien ausgetragen werden.

Kapitel 4: Zusätzlich zum Kappzaum benutztes Hilfsmittel

Die vorgängig beschriebene Art des Longierens, unter ausschließlicher Benützung des Kappzaums, erfüllt unter folgenden zwei Bedingungen ihre Aufgabe:

a) Der Ausbilder soll durch Geschick eine vollkommene Harmonie mit seinem Schüler erzielen.

b) Er muß mit großer Geduld die Zeit das Werk vollenden lassen.

Es kann aber vorkommen, daß gewisse Pferde mit ihrem Temperament auch den versiertesten Ausbilder weitgehend schachmatt setzen. Sind sie wenig aufnahme- und lernwillig, leisten sie einen unbrechbaren Widerstand; sind sie im Übermaß empfindlich und feurig, verhalten sie sich undiszipliniert und stören den positiven Verlauf der Lektionen.

Abb. 7: Trabarbeit in nächster Nähe. Trotz der deutlichen Stellung behält das Pferd seine natürliche falsche und gespannte Haltung bei (Axthieb, Hirschhals).

Andererseits findet man bei Tieren auch von guter Abstammung und ausgezeichneten Qualitäten entweder in der Nieren- oder Halsgegend gelegentlich eine Unvollkommenheit im Oberbau. Zu deren Abhilfe unternimmt man korrigierende Gymnastikübungen, wozu jedoch der Kappzaum allein nicht genügt (Abb. 7).
In beiden Fällen erweist sich ein Hilfszügel als äußerst nützlich, vorausgesetzt, daß er sinngemäß ausgewählt und richtig eingesetzt wird. Im ersten Fall muß er darauf ausgerichtet sein, die abweisende Haltung des Schülers in Gefügigkeit umzuwandeln und den Wildfang zu zähmen. Im zweiten Fall bezweckt er eine Korrektur der fehlerhaften Partien und die Stärkung der Muskulatur. Dazu wird

Abb. 8: Mit dem Gogue-Hilfszügel nimmt das Pferd eine korrekte Haltung ein: die untere Halsrille folgt einer konkaven Linie. Die Bewegungen sind geschmeidig und raumgreifend. Auf dem Zirkel geht das Pferd gleichmäßig in Stellung und ist durch den »Gogue« eingerahmt. In einer mittleren Einstellung bezweckt letzterer hier, dem Kopf die korrekte Haltung zu geben, und verzichtet vorläufig auf die weite Streckung des Halses.

die Oberlinie gestreckt, was eine Senkung des Kopfes und die Dehnung des Halses zur Folge hat (Abb. 8).
Übrigens rechtfertigt sich die Gymnastizierung für jedes junge Pferd, weil sie nicht nur erlaubt, die vorher definierten Ziele leichter zu erreichen, sondern das Pferd unter dem Reiter daran zu gewöhnen, Anlehnung zu suchen.
Zur Wahl stehen drei Hilfszügel, die den Kopf herabholen können: Ausbindezügel, Chambon und Gogue.
Ausbindezügel wirken ausschließlich auf das Maul und haben die Tendenz, dieses zu verletzen oder hart zu machen. Zudem fixieren sie bloß die Haltung des Kopfes und verhindern die eigentliche Streckung des Halses. »Das Pferd ist gezwungen, sich entweder durch Verkriechen der blockierenden Wirkung des Gebisses zu entziehen, oder den Schmerz durch ein hartes Maul zu lindern« (Steinbrecht). Bei richtiger Anwendung – so lang ausgebunden, daß die Stirnlinie des Kopfes vor der Senkrechten bleibt – wird die Streckung des Halses kaum behindert.
Der *Chambon* wirkt einerseits auf das Genick und veranlaßt das Pferd, den Kopf zu senken und den Hals zu strecken. Aber gleichzeitig übt er einen heftigen senkrechten Zug auf die Maulecken aus und wirkt somit dem Einfluß auf das Genick entgegen. Er gewöhnt das Pferd nämlich daran, die Streckung des Halses als Mittel zu benützen, um sich dem Gebiß zu entziehen; als Folge verweigert es unter dem Reiter die Anlehnung und nimmt dem Reiter die Hand. Wenn er nicht extrem locker geschnallt ist, was eigentlich heißt, daß jede positive Wirkung ohnehin verlorengeht, schließt zudem seine brutale Wirkung auf das Maul den Gebrauch im Galopp und erst recht beim Springen aus.*
Der *Gogue* wirkt wie der Chambon auf das Genick. Aber sein Einfluß auf das Maul ist völlig anders. Weil er durch die Trensenringe läuft, ist er sehr weich und nachgiebig. Er wirkt auf die Maulecken in Richtung Widerrist, das heißt in der Achse der Zügel, wie sie beim Reiten gehalten werden. Deshalb trägt er dazu bei, das Pferd an den Kontakt mit dem Gebiß zu gewöhnen und eine leichte

** Diese Kritik des Chambons stammt namentlich von Oberst Nobili, der ihn durch den Gogue ersetzte.*

Anlehnung an die Hand zu bewerkstelligen. Ein weiterer Vorteil ist, daß der Gogue bei jeder Einstellung die Arbeit in allen Gangarten erlaubt. Beim Hindernisspringen gewöhnt er das Pferd daran, sich rund zu machen.

Bei der Ausbildung des jungen Pferdes ist der Gogue sehr wertvoll, denn er macht steife oder schwerfällige Tiere geschmeidig, und besänftigt und rahmt die undisziplinierten ein. Seine Bedeutung zeigt sich ganz besonders beim Angaloppieren, wo er verhindert, daß das Pferd die Hinterhand schief stellt und falsch angaloppiert.

Übrigens genießt der Gogue die Gunst von bekannten Reitern wie N. Pessoa, den Gebrüdern Schockemöhle, David Broome und vielen andern Champions, darunter auch der brillanten und charman-

Abb. 9: Einstellung des Gogues für die Longenarbeit: Das Pferd hat den Gogue normal gespannt und trägt das Genick etwas unter der Horitzontalen zum Widerrist. Die Oberlinie des Halses ist ganz wenig gewölbt, das Nasenbein leicht vor der Senkrechten. Die Longe ist gleitend auf dem Nasenband befestigt.

ten Janou Tissot Lefebvre. Der nun pensionierte Ausbilder Georges Calmon kann sich das Zureiten von jungen Pferden ohne Gogue nicht vorstellen.
An der Longe kann der Gogue entweder zusammen mit dem Kappzaum eingesetzt werden, oder man benützt ein französisches Nasenband, an das die Longe geknüpft wird.* Man darf sie in keinem Fall an der Trense befestigen, weil der geringste Zug der Longe auf das Maul die wohltuenden Effekte des Gogues stören.
An dieser Frage interessierte Reiter finden in meinem Buch »Le cheval dans le bon sens« (Edition Maloine) eine komplette Abhandlung über alle möglichen Kombinationen des Gogues und dessen Einsatz in den verschiedenen reiterlichen Disziplinen. Der Leser wird aber gerne feststellen, daß ich am Schluß dieses Buches eine Zusammenfassung gegeben habe.

** Wenn man in der Longe ca. 50 cm vom Karabinerhaken einen Knoten gemacht hat, braucht man bloß mit dem Haken unter dem Nasenband durchzufahren und ihn unterhalb des Knotens an der Longe einzuhaken. Diese bleibt somit am Nasenband locker fixiert, und man kann sie mühelos von der einen auf die andere Seite des Pferdes nehmen.*

Teil III
Die Ausbildung des erwachsenen Pferdes

Allgemeine Prinzipien

Das Longieren des erwachsenen Pferdes hat folgende Ziele:

1. die Vervollkommung dessen, was es als junges Pferd gelernt hat,
2. die Ergänzung zur Arbeit unter dem Reiter, vor allem um Schultern und Hinterhand seitlich geschmeidig zu machen und das allgemeine Gleichgewicht zu erlangen, letzteres besonders für den Galopp und für das Untertreten; schließlich die eventuelle Vorbereitung für die Schulgänge an der Hand,
3. die Spezialausbildung zum Hindernisspringen,
4. die Korrektur von Exterieur- und Gangfehlern als Folge von unsachgemäßiger Behandlung.

Der Übergang vom jungen Pferd zum erwachsenen Pferd geschieht weder brüsk noch zu einem bestimmten Zeitpunkt, wie die offiziellen Dokumente zur Klassierung von Pferden etwa glauben ließen. Der Wandel vollzieht sich ganz allmählich und variiert im Alter nach Grad der Reife jedes einzelnen Tieres.

Dies bedeutet, daß die Ausbildung des erwachsenen Pferdes und diejenige des jungen Pferdes sich während einer gewissen Zeit überlappen und sich nur durch ganz schwache Nuancen unterscheiden. Übrigens ist es von großem Nutzen, während der ganzen Schulung des erwachsenen Pferdes, sogar wenn sie ein höheres Niveau erreicht – ja vielleicht vor allem dann –, häufig auf die elementaren Grundübungen zurückzugreifen, besonders auf Cavaletti-Arbeit und das Springen von kleinen Hindernissen. Große Champions wie Alwin Schockemöhle und Teamchefs wie de Nemety nahmen oder nehmen diese täglich vor.

Diese Präzisierung mußte gemacht werden, bevor wir zur Ausbildung des Pferdes übergehen. Leider gibt es allzuviele – und sogar oft gekonnte – Reiter, die ihren »Motor forcieren, ohne den Zustand der Reifen zu prüfen«. Ich möchte damit sagen, daß sie Übungen von hohem Niveau, obgleich diese schlecht ausgeführt werden, bis

zum Überdruß wiederholen und dabei hoffen, daß ihr Pferd es schließlich doch einmal fertigbringen wird, sie richtig zu machen.
Zu Beginn jeder Longenstunde läßt man das Pferd in einer kurzen Repetition gewisse Übungen durchlaufen, die als Vorbereitung zur anschließenden Lektion dienen können.
Vor allem ist es wichtig, gleich von Anfang der Stunde an absolute Ruhe zu verlangen, und vor allem unbedingt darauf zu bestehen, wenn sich das Pferd um jeden Preis austoben will. In einem solchen Fall bändigt man sein Feuer, indem man zuerst Schritt in nächster Nähe mit häufigen ganzen Paraden verlangt. Anschließend soll es im Arbeitstrab auf mittelgroßem Zirkel gehen. Sobald es in den Rhythmus einer schön kadenzierten Bewegung fällt, vergrößert man allmählich den Zirkel und läßt das Pferd den Trab verstärken. Diese Übung wird auf beiden Händen gemacht.
Es dürfen keinerlei Zeichen von Undiszipliniertheit geduldet werden. Falls das Pferd doch ungezogen ist, verkleinert man den Zirkel und bringt es zum Stehen. Man stellt sich direkt vor es hin und bestraft es mit einem ruckartigen Zug auf den Kappzaum, dabei blickt man ihm in die Augen. Sobald wieder Ruhe und Ordnung herrschen, heißt man das Pferd im Schritt vorwärtsgehen und beginnt das oben Beschriebene von vorn.

Kapitel 1: Übungen zum Geschmeidigmachen in Längs- und Seitenbewegung

Der Trab bleibt die Grundgangart beim Training des erwachsenen Pferdes. Je nach der Geschwindigkeit, in der er ausgetragen wird, nennt man ihn mittel, versammelt oder stark.
Normalerweise beginnt jede Lektion im Mitteltrab auf einem Zirkel von rund 4 m Radius.

Versammelter Trab

Im versammelten Trab verlagert sich die Körpermasse abwechslungsweise auf die diagonalen Beinpaare, die diese Wucht langsam und federnd dämpfen; der Vorwärtsschub kennzeichnet sich durch die gleiche Weichheit. Die Muskeln müssen sich somit spannen und entspannen und ihren Kraftaufwand bemessen, um dessen Wirkung möglichst zu verlängern. Ihre Funktion beruht auf der Intensität der Kontraktion. Die Trägheit der Masse wird hier am deutlichsten spürbar.
Wird der versammelte Trab korrekt, d. h. energisch ausgetragen, entwickelt er die Muskulatur des Pferdes in gleicher Weise, wie Gewichtheben jene des Menschen ausbildet.
Das Verkürzen des Trabs erreicht man durch Verkleinerung des Zirkelradius, der bis auf 2 m reduziert werden darf. Die Vorwärtsbewegung muß dank einer vermehrten Aufmerksamkeit mit der Longierpeitsche sorgfältig unterstützt werden. Je nach Empfindlichkeit des Pferdes bringt man sie verschieden zum Einsatz. Entweder hält man sie ständig in der Nähe der Hinterhand (wie ein heißes Eisen, dessen Hitze man spüren lassen will), oder man stupst wiederholt mit dem Griffende mehr oder weniger stark den Oberschenkel des inneren Hinterbeins, sobald dieses abhebt. Dazwischen schnalzt man jeweils mit der Zunge.
Versammelter Trab darf nie sehr lange verlangt werden, da er ermüdet. Man muß ihn aber immer wieder vornehmen, sobald sich die Trabkadenz auf dem normalen Zirkel erhöht. Allmählich wird dann der Zirkel vergrößert, was zur Verstärkung des Trabs führt.

Starker Trab

Bei einem gehlustigen Pferd ist es eigentlich ganz leicht, zum starken Trab überzugehen: man nützt seinen Drang nach freier Bewegung aus, der auf die Konzentration im versammelten Trab folgt.
Mit dem einfachen Mittel, die Longe allmählich aus der Hand gleiten zu lassen, ohne den ständigen Kontakt mit dem Kappzaum zu lockern, spornt man das Pferd dazu an, den Zirkel zu vergrößern und seine Aktion zu strecken. Wenn nötig, schnalzt man mit der Zunge und hebt das Griffende der Bahnpeitsche, achtet aber sehr sorgfältig auf die Dosierung dieser Hilfen, damit weder Regelmäßigkeit noch Kadenz des Trabs gestört werden.
Falls sich das Pferd weigert, sich genügend zu strecken, kann man zwei Dinge unternehmen.
Einerseits läßt man das Pferd in der ersten Ecke der kurzen Wand in versammeltem Trab und dann auf einer Geraden dieser Wand entlanggehen. Der Ausbilder muß bis zur zweiten Ecke laufen und das Pferd dort wieder auf die Volte bringen. Dann läßt er es durch die halbe Bahn wechseln und erreicht somit wieder die erste Ecke. Auf jeder Geraden fordert er das Pferd zum Verstärken auf und bringt es in den Ecken jeweils wieder in den versammelten Trab.
Das zweite Mittel ist weniger fachmännisch, erweist sich aber bei trägen Pferden, die sich festhalten, gelegentlich als unentbehrlich. In einem solchen Fall bringt man das Pferd auf einer großen Volte in einen flotten, aber disziplinierten Galopp und rahmt es dabei, wenn möglich, mit beiden Ecken ein. Dann pariert man es in den Trab und treibt es aber weiter mit Stimme und Bahnpeitsche an. Sobald es gelingt, durch das Wechseln der Gangarten einen verstärkten Trab hervorzubringen, greift man wie oben beschrieben wieder auf den Befehl zur Variation der Geschwindigkeit im Trab zurück.
Wie beim versammelten Trab müssen auch die Phasen des starken Trabs relativ kurz sein. Sowohl die Dehnung der Muskulatur während der Streckung als auch die Dämpfung im Augenblick des Auffußens setzen einen großen Energieaufwand voraus.
Man führt diese Übungen auf beiden Händen aus, und zwar beginnt man auf jener, die dem Pferd weniger Mühe bereitet.

Gymnastizierung von Abduktoren (abziehende Muskeln) und Adduktoren (heranführende Muskeln) in den Beinen

Rufen wir uns hier vorerst in Erinnerung, daß die Abduktoren jene Muskeln sind, die eine Extremität von der Medianebene, die den Körper in zwei symmetrische Hälften teilt, wegführt. Die Adduktoren sind jene Muskeln, die eine Extremität zur Symmetrieachse heranziehen.

Eine gezielte Gymnastik hat folgenden Einfluß auf die Muskeln:
- Ein Training der Abduktoren verbreitert die Standfläche des Pferdes, verbessert somit sein Gleichgewicht in der Bewegung und richtet es auch bei der Ausführung der Volte auf.

Abb. 10: Abduktion des linken Vorderbeins. Das Pferd wird durch die Longierpeitsche gut vorwärtsgetrieben. Sein Gewicht wird von der linken, führenden Hand nach links gezogen, sobald das linke Vorderbein vom Boden abhebt. Man erkennt genau, wie sich dieses vom rechten Vorderbein abspreizt.

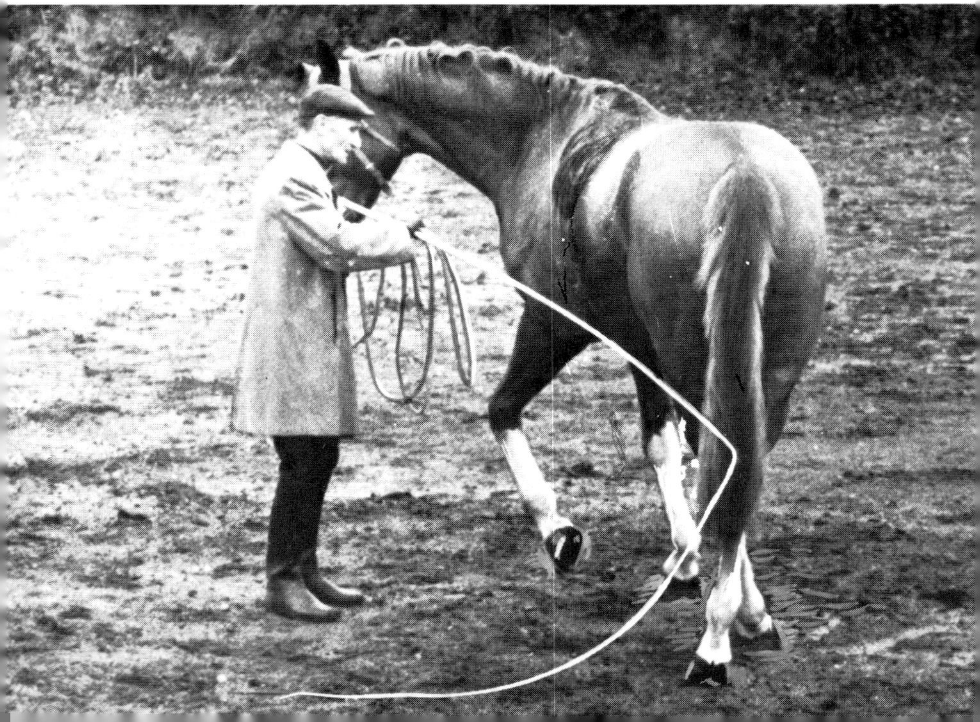

- Trainierte Adduktoren erleichtern es dem Pferd, die Beine zu kreuzen; diese Fähigkeit begünstigt seine allgemeine Geschmeidigkeit und fördert die Seitenbewegung; ferner macht sie die Vorhand leicht und läßt die Hinterhand gut untertreten.

Die nun folgenden Übungen werden im Schritt begonnen. Die Longe wird rund 1,5 m vom Kappzaum entfernt gehalten, aber in der gleichen Weise wie für die Arbeit auf Distanz. Dies bedeutet, daß die Schulterlinie des Ausbilders praktisch parallel zur Längsachse des Pferdes verläuft.

Abduktion eines Vorderbeins

Zuerst rahmt der Ausbilder das Pferd gut zwischen Longierpeitsche (nahe der Hinterbacke) und schön gespannter Longe ein. Im Augenblick, wo das innere Vorderbein abhebt, zieht er fest und lange an der Longe. Dieser Zug bewirkt, daß sich die Masse der vorderen Körperhälfte gegen innen verlegt. Um das Gewicht aufzunehmen, muß das Pferd nun das innere Bein innerhalb des Kreises, dem es normalerweise folgen würde, abstellen. Diese Übung wird in beiden Richtungen rund 4-5 mal hintereinander bei jedem Schritt wiederholt (Abb. 10).

Adduktion eines Vorderbeins

Jetzt geht es darum, dem Pferd beizubringen, die Vorderbeine zu kreuzen. Diesmal treten die Adduktoren des äußeren Vorderbeins ins Spiel.

Für diese Übung gelten die gleichen Voraussetzungen wie für die vorangehende. Sobald das äußere Vorderbein vom Boden abhebt, zieht der Ausbilder den Kopf des Pferdes mit der Longe gegen den Kreismittelpunkt. Er muß diesen starken Zug ziemlich lange aufrechterhalten, dabei aber die Vorwärtsbewegung gut unterstützen, damit das Pferd dieses Vorderbein vor das andere abstellt.

Adduktion eines Hinterbeins

Die Adduktion des inneren Hinterbeins erfüllt eine sehr wichtige Aufgabe. Ihr Ziel ist es, diese Extremität in Richtung zur Senkrechten des Schwerpunktes untertreten zu lassen, dabei soll es möglichst weit nach vorn und gegen die Medianebene greifen.

Bei dieser Aufgabe tritt der Ausbilder näher zum Pferd. Wie bei allen anderen Übungen muß er auch hier die Vorwärtsbewegung durch Zungenschnalzen unterstützen. Gleichzeitig aber spannt er die Longe, um den Schritt zu verlangsamen. Dann verlangt er vom Pferd, daß es mit seinem inneren Hinterbein untertritt, und berührt es dazu mit der Longierpeitsche rund ein bis zwei Handbreit oberhalb des Sprunggelenks, sobald es abhebt (Abb. 11).

Abduktion eines Hinterbeins

Diese Übung ist schwieriger als die vorangehende. Man muß das Tempo noch mehr bremsen und mit der Longierpeitsche dann auf das innere Hinterbein einwirken, wenn das äußere Hinterbein abhebt; dadurch erreicht man, daß dieses nach außen ausweicht.

Abb. 11: Adduktion des linken Hinterbeins. Die Vorhand des Pferdes wird durch die linke, führende Hand auf einem Kreis gehalten, während die Longierpeitsche auf das linke Hinterbein einwirkt; dadurch tritt dieses unter und kreuzt vor das rechte Hinterbein.

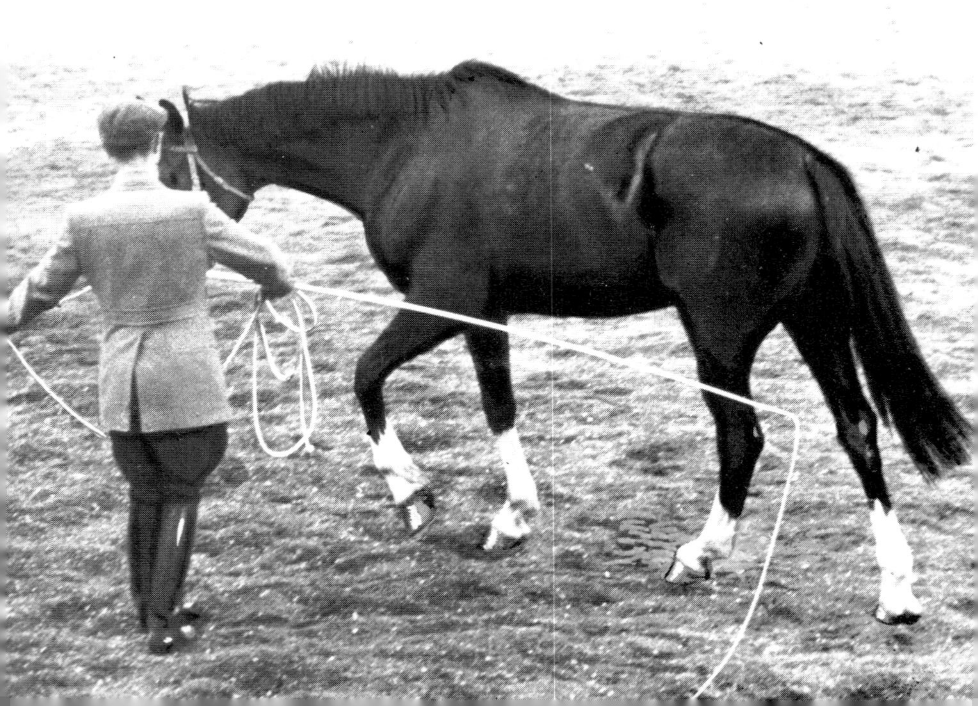

Wichtige Weisung

Die bedeutendste Voraussetzung für das gute Gelingen dieser Übungen ist, daß die Vorwärtsbewegung nicht verzögert werden darf. Vor allem, wenn der Schritt verlangsamt wird, darf das Pferd weder die Vorhand extrem nach dem Kreisinnern abwenden, noch die Hinterhand nach außen stellen. Es muß durch ein Biegen seines Körpers auf die Anforderungen dieser Lektionen reagieren, dabei den Vorwärtsschub weiterhin gleichmäßig in Richtung des ursprünglichen Kreises aufrechterhalten. Wir befassen uns hier mit einer ausgezeichneten Vorbereitung sowohl auf das Schulterherein als auch auf die Seitengänge, wo diese Voraussetzung unerläßlich ist.
Sobald das Pferd diese Übung im Schritt gut beherrscht, soll es sie im langsamen, schwungvoll kadenzierten Trab ausführen.

Kurzkehrtwendungen

Man kann das Training der Abduktoren und Adduktoren noch intensivieren, um durch ein Aneinanderreihen dieser Bewegungsabläufe zur Kurzkehrtwendung und zur Vorhandwendung zu gelangen. Letztere Übungen haben nur zum Ziel, eine größere seitliche Beweglichkeit der Vor- und Hinterhand zu erreichen, ohne Anspruch zu erheben auf eine schulmäßige Ausführung der Pirouette. Diese gehört in den Aufgabenbereich der Arbeit unter dem Reiter, nachdem sie weitgehend an der Longe vorbereitet worden ist.

Handwechsel

Bis jetzt habe ich noch nicht festgehalten, wie man beim Longieren von einer Hand auf die andere wechseln kann. Das einfachste ist, das Pferd anzuhalten und auf seine andere Seite zu treten. Dies ist das instinktive Vorgehen aller Anfänger sowie die korrekte Art beim Umgang mit jungen Pferden.
Weit eleganter und für die Durchlässigkeit des Pferdes förderlicher ist es, wenn es durch den Zirkel wechselt und dabei vor dem Ausbilder ein S macht. Es geht so um ihn herum und beschreibt eine stierkampfartige Figur. Ein solcher Wechsel stellt die beste praktische Anwendung der vorangehenden Übungen zur Beweglichkeitssteigerung der Vorhand dar.

Um dem Pferd diesen Handwechsel beizubringen, läßt man es auf einem kleinen Zirkel (1,5 m) Schritt gehen und hält die Longe möglichst nahe beim Kappzaum (1 m). Man verlangt zuerst die Abduktion des inneren Vorderbeins. Dann zieht man ganz fest an der Longe, um das Pferd zu sich heranzuholen, und gibt ihm sogleich den Weg frei, indem man zurücktritt.
Man kann auf zwei Arten vorgehen. Einmal faßt man die Longe wie für die Arbeit in nächster Nähe (auf linke Hand ist demnach die rechte Hand neben dem Kappzaum); der Ausbilder ist dem Pferd zugewendet und dieses geht beim Wechsel vor ihm vorbei. Die

Abb. 12: Handwechsel, bei dem das Pferd vor dem Ausbilder vorbeigeht. Bei der Arbeit in nächster Nähe befand es sich auf dem Zirkel auf der rechten Hand im Schritt. Der Ausbilder führte es mit seiner Linken. Jetzt geht er dem Pferd voraus und wendet sich ihm zu, wobei er seinen Kopf stark nach rechts führt. Das Pferd geht um den Ausbilder herum und durch die Bahnpeitsche angetrieben weiter vorwärts. In der Folge nimmt es Stellung nach links an und führt den Zirkel auf der linken Hand aus.

lenkende Wirkung der Hand und die visuelle Kontrolle des Verhaltens des Pferdes sind in dieser Weise gewährleistet. Gewisse Tiere können allerdings Angst zeigen, wenn sie vor dem Menschen, der ihnen zugewendet dasteht, vorbeimüssen (Abb. 12).
Für die zweite Art von Handwechsel hält man die Longe umgekehrt. Der Ausbilder muß sich dann um sich selbst drehen und während des Wechsels dem Pferd den Rücken zuwenden. Dieses Vorgehen ist heikler, weil die Hand weniger bestimmt einwirkt und man die Bewegungen des Pferdes nicht mit den Augen verfolgen kann (Abb. 13).

Abb. 13: Handwechsel, bei dem das Pferd hinter dem Trainer vorbeigeht. Das Pferd befand sich im Schritt auf der linken Hand auf dem Zirkel bei der Arbeit in nächster Nähe. Der Ausbilder führte mit der Linken. Nachdem er sich von links nach rechts um sich selbst gedreht hat und mit dem Rücken zum Pferd rechts an diesem vorbeigegangen ist, streckt er den linken Arm, um das Pferd auf seine linke Seite zu führen. Mit dem rechten Auge beobachtet das Pferd die Longierpeitsche, die ihm den Weg nach rechts versperrt und bereit ist, es auf der rechten Hand auf dem Zirkel vorwärtszutreiben.

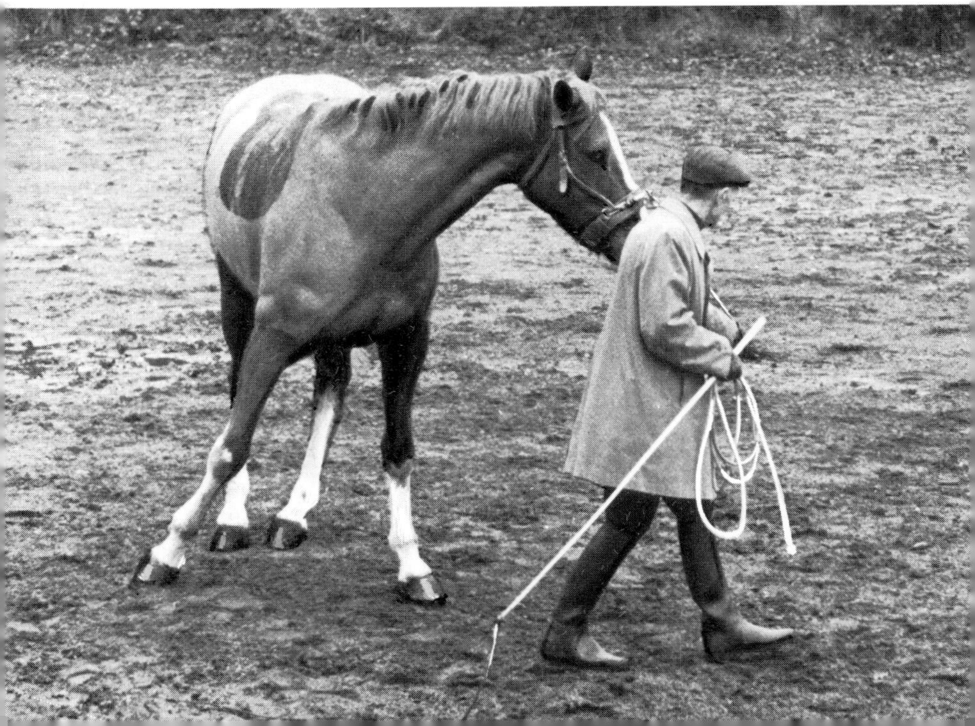

Der Ausbilder muß seine eigenen Fähigkeiten und den vom Pferd bevorzugten Wechsel abschätzen und sich dann entscheiden, wie er am besten vorgeht. Er soll sich aber große Mühe geben, ohne Unterschied beide Arten zu üben, damit er den Handwechsel in nächster Nähe vornehmen kann.
Der Longenhilfe fügt man den Befehl »Wechsel« bei, indem man die erste Silbe dehnt. Die Bahnpeitsche wird in Richtung Hinterhand eingesetzt, aber ausschließlich, um das Pferd einzurahmen und seine Bewegung zu unterstützen.
Sobald das Pferd diese Handwechsel im Schritt gut beherrschen gelernt hat, verlangt man sie im Trab. Pferde, die in den Biegungen wenig geschmeidig sind, werden am Anfang Mühe haben, während des ganzen Vorgangs den Trab aufrechtzuerhalten. Eine gewisse Zeit lang duldet man also, daß das Pferd in dem Augenblick, wo es die Richtung ändert, in den Schritt übergeht, um gleich wieder anzutraben.
Damit diese Übung korrekt und elegant ausgeführt wird, darf sie weder unregelmäßig noch ruckartig verlaufen. Für Ausbilder und Zuschauer wird sie so zur Augenweide! Zudem trägt sie ganz beachtlich dazu bei, das Pferd geschmeidig zu machen. Mit sehr talentierten Schülern kann sie sogar bis zum Galopp mit oder ohne Fußwechsel gesteigert werden.

Kapitel 2: Galopparbeit

Für den größten Teil aller Reiter, die von der Longe Gebrauch machen, ist dieses ein Mittel zum Bewegen eines Pferdes, das sie nicht reiten können. Und weil im allgemeinen (zu Unrecht) die Ansicht herrscht, daß das Tier »Dampf ablassen« muß, werden die Arbeitsstunden mit Galopp begonnen.

Ein solches Vorgehen sollte überhaupt nicht in Frage kommen, weil es ebenso schädlich ist für die Beine des Pferdes wie für seine Arbeitsmoral. In Wirklichkeit handelt es sich dabei lediglich um die Methode der Faulen und Unfähigen.

Der Galopp an der Longe muß für höhere Ziele reserviert bleiben, nämlich:

- das Pferd soll ruhig und korrekt angaloppieren;
- seine Übergänge zwischen Trab, Schritt und ganzer Parade müssen klar und weich sein;
- der Galopp muß kadenziert und gleichmäßig werden (auch Gleichgewicht im Galopp genannt), was dazu beiträgt, daß sich das Pferd setzt.

Angaloppieren

Jeder Reiter ist imstande, ein Pferd unter irgendwelchen Umständen in den Galopp zu bringen – obschon gewisse Traber einem dabei große Mühe bereiten können –, aber ein Pferd ruhig und korrekt aus dem Trab, Schritt oder Stand anzugaloppieren, setzt eine systematische Vorbereitung voraus, die durch Longieren gewaltig vereinfacht wird.

Das Angaloppieren aus dem Trab ist schon im Kapitel über die Ausbildung des jungen Pferdes besprochen worden. Wir nehmen somit an, daß das Pferd auf einem mittleren Zirkel ohne den Trab zu verstärken auf den einfachen Befehl »Galopp!« hin angaloppieren kann. Vielleicht muß dazu die Longierpeitsche nähergehalten werden. Es soll auch nach ein paar Galoppsprüngen mit dem Wort »Trab!« leicht wieder in den Trab pariert werden können. Damit dies auf beiden Händen korrekt, ruhig und willig ausgeführt wird, hat man einige Wochen an diesen Übungen arbeiten müssen.

Man kann sodann seine Anforderungen steigern und das Pferd aus dem Schritt angaloppieren lassen und nach ein paar Galoppsprüngen wieder in den Schritt parieren. Die Vorübungen zu diesen Gangartvarianten zwischen Galopp und Schritt sind die exakten Übergänge zwischen Trab und Schritt.
Sobald das Pferd diese flüssig ausführen gelernt hat, genügt es oft, den Befehl »Galopp!« mit einer deutlichen Bewegung der Longierpeitsche zu unterstützen, um es vom Schritt in den Galopp zu bringen.
Man darf das Pferd allerdings nicht überfallen. Man gibt den wörtlichen Befehl in zwei Silben: »Gaa .... lopp!«, wobei die erste gedehnt wird. Sie ist die Vorbereitung, und die zweite, kurze, gilt der Ausführung. Die Longierpeitsche tritt erst mit letzterer in Aktion.
Mit Vorteil gibt man das Kommando immer in dem Augenblick, wo das Pferd vor einer Ecke auf den Hufschlag zurückkommt. Weil es schon seit Beginn seiner Ausbildung an diese Routine gewöhnt ist, wird es oft die Tendenz zeigen, dem Befehl zum Angaloppieren zuvorzukommen. Man muß lernen, diese Situation auszunutzen, ohne jedoch die Herrschaft über sie zu verlieren.
Man erreicht dies am besten, indem man das Kommando nicht bei jeder Runde erteilt und das Pferd, das die Absichten seines Meisters voreilig erfüllen will, so überlistet.
Zu Beginn darf das Pferd ein paar Trabschritte machen, bevor es in den Galopp übergeht. Nach und nach aber lernt es aufgrund der seriösen Vorarbeit und bei klar erteiltem Befehl, direkt aus dem Schritt anzugaloppieren.

Variationen der Gangarten

Bevor das Pferd aus der Ecke herauskommt, verlangt man den Übergang zum Schritt mit dem Befehl »Sch .... ritt!« und zieht dazu leicht an der Longe.
Sowie man beim Schüler Fortschritte erkennt, wird die Zahl der Galoppsprünge nach und nach reduziert. Das Ziel ist es jetzt, den Befehl »Gaa .... lopp!« unmittelbar vom Befehl »Sch .... ritt!« folgen zu lassen. Ihr Rhythmus richtet sich nach dem Takt des Galopps, und so erreicht man schließlich, daß das Pferd zwischen dem Kom-

mando zum Angaloppieren und demjenigen zum Schritt einen einzigen Galoppsprung ausführt.
Sobald dieses Stadium erreicht ist, kann man Übergänge vom Galopp zur ganzen Parade und umgekehrt üben. Die zweite Aufgabe ist schwieriger als die erste, weil sie eine gut versammelte und gerade Parade voraussetzt. Sie läßt sich aber bewerkstelligen, indem man nach und nach die Schritte zwischen zwei Galopp-Phasen reduziert und dann die Parade auf wenige Sekundenbruchteile verkürzt.
Diese Variationen der Gangarten im Galopp sind ein natürliches, wirksames und schnelles Mittel, um das Pferd zum Heranstellen der Hinterhand zu bewegen; es lernt, seinen Rücken zu gebrauchen und sich vorn aufzurichten.
Der Wert dieser Übung zeigt sich sowohl beim Dressur- wie beim Springpferd. Dies wird um so klarer, wenn man sich überlegt, wie schwierig es ist, diese Ziele in der Arbeit unter dem Reiter mit Hilfen, die doch immer mehr oder weniger störend wirken, zu erreichen.

Wichtige Bemerkungen

1. Diese Übungen müssen auf beiden Händen ausgeführt werden. Nun sind aber die meisten Pferde auf einer Seite durchlässiger, weshalb die Einführung in diese Lektionen auf dieser begonnen und auf der anderen fortgesetzt wird.

2. Je mehr die Ansprüche steigen, desto ruhiger und regelmäßiger muß der langsame Rhythmus der Gangarten werden. Ebenso unerläßlich ist die Autorität des Lehrers und die Präzision seiner Kommandos. Es ist deshalb naheliegend, den Radius des Zirkels zu verkleinern und sich dem Pferd nähern zu wollen. Aber je näher man zu ihm hingeht, desto leichter muß man es ihm machen, indem man sich auf einem konzentrischen Kreis bewegt.
Die Bande zwischen Ausbilder und Pferd muß so eng werden, daß die Wortkommandos für Zuschauer kaum hörbar sind. Die Longierpeitsche wird ganz nahe bei der Hinterbacke gehalten und streift diese lediglich in dem Moment, wo die Befehle geflüstert werden.

3. Im Verlauf der Arbeit vergißt der Ausbilder nicht, dem Pferd seine Genugtuung zu beweisen, wenn es brav gehorcht hat. Es hält es an, geht zu ihm hin, streichelt und liebkost es und murmelt lobende Worte in sein Ohr. Das Pferd schätzt diese Zeichen der Freundschaft ebensosehr wie einen Leckerbissen (ein einfaches, aber billiges und oft schädliches Mittel, um seine Gunst zu erwerben). Viel eher – sofern dies möglich ist – gewährt man ihm nach der Arbeit einen kurzen Spaziergang im Gelände, wo es erfrischendes Gras knabbern darf; für das Pferd ist dies das bekömmlichste »Freundschaftsmahl«. Eine geeignetere Entspannung gibt es kaum, denn damit gleicht man die nervliche Belastung aus. Die Übungen erfordern vom Tier anhaltende Aufmerksamkeit und schnelle Reflexe, und zu viele Ausbilder wissen hier nicht richtig zu dosieren.

Gleichgewicht im Galopp

Die vorangehenden Übungen haben dem Pferd beigebracht, im Gleichgewicht anzugaloppieren und dieses bei der Parade in eine langsamere Gangart wieder herzustellen, falls es sich auf die Vorhand legen wollte. Durch das Verkürzen des Intervalls bei den Übergängen wurde erreicht, daß dieses Gleichgewicht zwischen den beiden Gangarten erhalten blieb. Jetzt versuchen wir, diesen Effekt auf eine erhöhte Zahl von Galoppsprüngen auszudehnen. Eigentlich gehen wir dabei gerade umgekehrt vor wie oben.
Das Pferd soll auf einer ziemlich kleinen Volte langsam und schön kadenziert galoppieren. Die führende Hand mäßigt mit der Longe das Tempo, und die Longierpeitsche hält den Schwung aufrecht. Gleichzeitig wiederholt der Ausbilder das Kommando »Galopp!« zuerst bei jedem Galoppsprung, und wenn das Pferd korrekt weitergaloppiert, bei jedem zweiten oder dritten Sprung.
Wenn es seine Aktion dehnt und auf der Vorderhand liegt, pariert man es in eine langsamere Gangart und läßt es erneut angaloppieren, paßt aber besser auf, daß das Tempo im Galopp mäßig bleibt.
Wenn es von sich aus in eine langsamere Gangart fällt, pariert man es in den Schritt und wiederholt die Lektion des Angaloppierens. Dann läßt man es länger galoppieren und achtet besonders darauf, daß der Schwung beibehalten wird.

Die Herstellung des Gleichgewichts im Galopp ist eine langwierige Arbeit und verlangt bei gewissen Pferden sehr viel Geduld. Es ist aber ein Ziel, das alle Pferde erreichen können und erreichen sollten, dies ganz besonders, wenn sie im Dressur- oder Springsport auf ein gewisses Niveau kommen sollen. Der einfache Grund, daß auch ein gewöhnliches Reitpferd gut geritten sein darf, ist eine weitere Anregung.

Kapitel 3: Vorbereitung zum Hindernisspringen

Allgemeine Hinweise

Für die Grundausbildung des jungen sowie des erwachsenen Pferdes erweist sich die Arbeit an der Longe von größtem Nutzen: als Vorbereitung zum Hindernisspringen ist sie von unschätzbarem Wert. Sie muß auf zwei wesentlichen, elementaren Gesichtspunkten aufgebaut sein:

- Es ist das Pferd, das den Sprung ausführt und lernen muß, dies mit dem größtmöglichen Geschick zu tun.
- Es ist der Reiter, der mit dem Wesen des Hindernisses vertraut ist und im Parcours und in angemessenem Abstand vom Hindernis das Pferd vorbereiten muß: *Tempo, Gleichgewicht, Schwung, Länge der Galoppsprünge* und *Versammlung* müssen übereinstimmen und ihm erlauben, das Hindernis mühelos und sicher zu nehmen.

Demzufolge muß man bei den Vorübungen zum Springen von jenen absehen, mit denen der Reiter seine Rolle beim Anreiten erfüllt und dafür jene fördern, die das Springtalent im Pferd entwickeln.

Die Rolle des Reiters

Die erste dieser Übungen fallen in das Kapitel der klassischen Dressurreiterei. Die vorher beschriebene Longenarbeit bildet die Grundlage und findet in der Arbeit unter dem Sattel ihre Ergänzung. Letztere verfolgt den Zweck, das Pferd gegenüber den Hilfen des Reiters gehorsam zu machen. Es beweist dies durch die bereitwillige Annahme des Schenkels und die leichte Anlehnung an die Hand. Diese beiden Eigenschaften kennzeichnen das gut gerittene Pferd. Im Verlaufe von unauffälligen Tempovariationen in allen drei Gangarten bekunden sie, daß es möglich ist, das Pferd zwischen Händen und Schenkeln »auszubalancieren«. Seine Übergänge sind weich und beruhen auf dem gefühlvollen und steten »An-das-Gebiß-stellen«.

Die Sprünge über Hindernisse müssen von dieser Kleinarbeit ausgeschlossen werden, solange der Reiter die oben beschriebene Art von Anreiten im Parcours noch nicht vollkommen beherrscht, weil das ungenügend ausgebildete Pferd beim Angehen des Hindernisses versuchen wird, den Hilfen auszuweichen*.

Die Rolle des Pferdes

Während dieser Zeit soll sich das Pferd einzig an der Longe im Springen üben. Frei vom Gewicht des Reiters und unbeeinflußt von Sitz-, Hand- oder Schenkelfehlern konzentriert es sich auf den Sprung, den es allein nach bestem Können und Erfahrung bewältigen muß. Wir setzen die Ausbildung an der Longe fort, um eben diese Erfahrung zu vertiefen. Manche Leute sind der Ansicht, daß sich die Arbeit in Freiheit ebenso gut eignet, um dem Pferd das Springen über Hindernisse beizubringen, ohne daß der Ausbilder dabei mit langwierigem Longieren belastet wird. Diese Ansicht kann ich allerdings nicht teilen. Diese Methode scheint viel einfacher, weil sich die »Trainer« meistens damit begnügen, das Pferd auf ein Hindernis loszujagen, damit es dieses ... irgendwie springt. Aber ausgerechnet Freiheitsarbeit ist viel heikler. Sie setzt nämlich eine strengere Beurteilung des instinktiven Verhaltens des Pferdes beim Springen voraus, damit solche Hindernisse ausgewählt werden, die durch ihre Art geeignet sind, allfällige unliebsame Tendenzen zu korrigieren. Ihr Einfluß wirkt sich deshalb ausschließlich negativ aus.**

** »Gewisse Reiter behaupten, daß das Longieren unnötig, ja sogar schädlich sei, wenn es nicht sehr gut gemacht wird. Aber die Arbeit unter dem Reiter ist noch viel gefährlicher und Erfolg dabei weit schwieriger zu erzielen. Diese Art der Vorbereitung überläßt man den Künstlern und jenen, die sich nicht scheuen, ein Pferd umzuschulen, das Hindernisse ganz und gar nicht respektiert« (Oberst Gudin de Vallerin, Obstacle).*

*** »Der Nachteil (beim freien Springen) ist, daß die Pferde zu schnell springen und sich nur eine relative Geschicklichkeit aneignen ...... Die Longe ist das ideale Hilfsmittel, um ein Pferd einzuspringen. Ein so ausgebildetes Pferd geht ruhig und gewandt und gewöhnt sich an, das Hindernis genau zu betrachten« (Bemerkungen zum Reiten, Fragebogen der Ecole d'Application de Cavalerie).*

Auch wenn die Longenarbeit von Seiten des Ausbilders eine gewisse Schulung verlangt, glaube ich bewiesen zu haben, daß durch die Befolgung meiner Ratschläge eigentlich jedermann dazu geeignet ist. Ihr gewaltiger Vorteil gegenüber Freiheitsarbeit besteht darin, daß der Ausbilder vor dem Springen irgendeines Hindernisses die für das Pferd günstigsten Bedingungen schaffen kann. Er beeinflußt somit das Verhalten des Pferdes in positiver Art und hilft ihm gleich von Anfang an, geschickt und stilistisch einwandfrei zu springen.
Wenn das Pferd an der Longe gut eingesprungen ist und ruhig, sicher und mühelos geht – mit anderen Worten, wenn es sich den korrekten Stil angeeignet hat – ist es nicht ungeschickt, es von Zeit zu Zeit frei springen zu lassen, um seine Berechnung und Beherrschung am Hindernis zu verfeinern.
Dies setzt einen fachmännischen Ausbilder voraus, dem die passenden Gehilfen und das geeignete Material zur Verfügung stehen.

Rücksichtnahme auf das auszubildende Pferd

Der Aufbau der Hindernisspringarbeit an der Longe muß jedem einzelnen Pferd nach Alter und Grad seiner Ausbildung angepaßt sein. Handelt es sich um ein junges Pferd, das unsere vorangehende Schulung genossen hat, kann man ihm die nun folgenden Lektionen erteilen.
Haben wir andererseits ein Pferd, das nur elementar oder empirisch springen gelernt hat, oder sogar eines, das zu hastig in das Springen eingeführt worden ist und deshalb Schwierigkeiten bereitet, wird es notwendig sein, von vorn mit der Grundausbildung an der Longe zu beginnen, bevor man zum eigentlichen Einspringen übergeht. Das gleiche gilt für Pferde, die refüsieren oder beim Anblick eines Hindernisses unbändig werden: Die Umschulung an der Longe zeitigt unvorstellbare und durch andere Mittel unerreichbare Resultate. Kann man ein höheres Niveau voraussetzen als beim jungen Pferd, erlaubt diese »Umschulung«, verschiedene Etappen abzukürzen; andererseits wird die Dauer mit jedem Schüler variieren und das gleiche vernünftige Fortschreiten von einer Übung zur nächsten erfordern.

Zum Schluß können wir feststellen, daß es sich auch bei geübten Springpferden immer wieder lohnt, von Zeit zu Zeit einige Lektionen an der Longe zu repetieren, wo ihre Ruhe wiederhergestellt und ihr Stil überprüft werden kann.

Prinzipien der Springlehre

Unser Pferd hat also neu gelernt oder repetiert. Cavaletti im schön kadenzierten Trab oder Stangen auf geringer Höhe aus dem Trab zu nehmen. Auf diese Weise hat es gegenüber dem Hindernis Vertrauen und Ruhe erworben, was ihm erlaubt, seine Bewegungen zu beurteilen und zu berechnen, im richtigen Moment abzuheben und mit Hilfe seines Halses zu basculieren.
Die Folge des Sprungtrainings soll nur noch darin bestehen, diese guten Voraussetzungen bei wachsenden Schwierigkeiten mit größeren Dimensionen und mit der Verschiedenartigkeit der Hindernisse aufrechtzuerhalten.
In diesem Zusammenhang muß man zwei große Familien von Hindernissen unterscheiden: einerseits die »steilen«, deren Elemente in einer einzigen, vertikalen Ebene plaziert sind, und andererseits die »breiten«, deren Bestandteile in Bezug auf die Sprunglinie in verschiedener Tiefe aufgestellt werden.

Steile Hindernisse

Steilsprünge können in einer parabolischen Sprunglinie genommen werden, die an der Basis enger ist als jene für Weitsprünge. Diese zwingen ihrerseits das Pferd, sich mehr zu strecken, um das Hindernis zu »decken«.
Wenn wir also unseren Schüler zu einem Weitsprung veranlassen, wird er dazu neigen, seine Aktion zu verstärken. Im Gegensatz dazu wird ein Steilsprung (ohne Markierstange) ihn bewegen, näher heranzugehen und dabei seine Galoppsprünge zu verkürzen. Zum Springen wird er sich aufrichten und stark basculieren. (Heftige Pferde können sich ab einer gewissen Höhe diesem Gesetz nicht entziehen.)
Bei den meisten Reitern zeigt sich die ärgerliche Tendenz – sei es

nun in der berittenen Arbeit oder sonst – vom Pferd mehr Streckung als »Aufrichtung« zu verlangen. Weil sie Zweifel hegen über den ausreichenden Schwung ihres Reittieres, befürchten sie ein Refüs und glauben dies verhindern zu können, wenn sie mit viel Elan anreiten. Die Geschwindigkeit erleichtert tatsächlich zu einem gewissen Grad den Sprung (und macht ihn zudem für den Reiter bequemer), aber sie befreit das Pferd ausgerechnet vom Einsatz der Muskeln, der während der Vorbereitungsarbeit trainiert werden muß. Wir haben nämlich zwei Gründe dazu: Erstens muß die Muskulatur gestärkt werden, und zweitens soll das Pferd lernen, sich nur auf sie zu verlassen, falls es im Parcours ein Hindernis ungeschickt angeht (vor allem auch, um eine Kombination zu bewälti-

Abb. 14: Pferd mit sehr raumgreifender Aktion. Es erforderte eine lange Trainingsarbeit beim Springen im Trab über steile Hindernisse, wo es Geschick und Kraft entwickelte. Hier stellt es seinen ausgezeichneten Stil unter Beweis.

gen). Deshalb ist es naheliegend, mit dem Springen von steilen Hindernissen zu beginnen.
Dieses Training ist um so wertvoller, je höher das Pferd im Blut steht, und je mehr sein Gebäude langrechteckig ist. Für das Vollblutpferd zum Beispiel besteht eine der großen Schwierigkeiten im Springgarten darin, seine raumgreifenden Bewegungen zu verkürzen. Weil der Vollblüter zudem selektioniert ist, um viel Boden zu decken, zeigt er beim Hindernisspringen eine gestreckte und streifende Sprunglinie, was zu großen Enttäuschungen führt, falls man dem nicht vorgebeugt und dem Pferd an der Longe beigebracht hat, Steilsprünge mit Bascule zu nehmen (Abb. 14).

Breite Hindernisse

Im Gegensatz dazu wird es manchmal nötig, mit Pferden von mehr quadratischem Format (deren Typ übrigens in modernen Konkurrenzen wegen der häufigen Zeitspringen ungünstig ist) oder mit jenen, die sich sehr stark festhalten, recht früh, aber nie in erster Linie das Springen über breite Hindernisse zu üben.

Aufbau der Ausbildung

1. Springarbeit aus dem Trab

Mit was auch immer für einem Typ Pferd wir zu tun haben, und wie die Hindernisse auch beschaffen sind, dürfen die ersten Lektionen ausschließlich im Trab erteilt werden. Man muß in dieser Gangart fortfahren, bevor das Springen im Galopp versucht wird, weil letzteres mehr Geschick beim Ausbilder und ein gewisses Niveau in der Galopparbeit beim Pferd voraussetzt.

Einfache Stange

Wir dürfen annehmen, daß unser Schüler gewöhnt ist, eine einfache Stange von 50 cm Höhe auf beiden Händen unter den von uns präzisierten Bedingungen zu springen. Dieses mühelose Spiel trägt es im Verlaufe jeder Arbeitsstunde in beschränkter Auflage (damit es dessen nicht überdrüssig und in der Folge gleichgültig wird) willig aus.

Die nächste Aufgabe besteht nun darin, die auf dem Hufschlag plazierte Stange stufenweise höher zu stellen, ohne daß diese Veränderung beim Pferd die geringste Störung hervorruft. Nach einigen Wochen muß das Pferd ohne Schwierigkeiten eine einfache Stange von 1 m Höhe springen können, wobei es vor wie nach dem Hindernis im Trab bleibt.
Es ist angebracht, die Stange nicht um eine weitere Stufe (von 10 cm) zu erhöhen, bevor das Pferd über mehrere Stunden seine vollkommene Bewältigung der vorherigen Höhe bewiesen hat. Falls es durch Ungeschicklichkeit oder Verweigern ein gewisses Unbehagen zeigen sollte, senkt man die Stange wieder um eine Stufe.
Die Häufigkeit dieser Springstunden variiert je nach Temperament des Pferdes und nach den beobachteten Reaktionen.
Ein träges Pferd darf während jeder Arbeitsstunde die Stange drei- bis viermal in beiden Richtungen springen. Für ein nervöses Pferd beschränkt man die Springstunden besser auf zwei oder drei pro Woche.

Oxer

Sobald das Pferd mit schöner Regelmäßigkeit und einem befriedigenden Stil in der oben beschriebenen Art springen gelernt hat, stellt man ihm kleinere Oxer von je 80 cm Höhe und Breite auf, die nach und nach auf je 1 m erhöht bzw. verbreitert werden. Beim Erhöhen und Verbreitern dieses Hindernisses gehen wir gleich überlegt und vernünftig vor wie bei der einzelnen Stange, um schließlich auf einen Meter im Quadrat zu kommen.
Korrekterweise erhöhen wir zuerst nur die zweite Stange, was einen schräg aufsteigenden Oxer ergibt. Sobald das Pferd diesen richtig gesprungen hat, wird die vordere Stange auf gleiche Höhe gerichtet (Abb 15).
Wie bei der einfachen Stange verwendet man keine Markierstange, sofern das Hindernis 1 m nicht übersteigt.
Die Arbeit mit Oxern darf die Springübungen mit steilen Hindernissen nicht verdrängen. Während jeder Stunde wechselt man mit dem Springen aller Hindernisse ab. Man führt das Pferd zuerst an den Steilsprung, an den es besser gewöhnt ist und den es langsamer

angeht. Sowie es Fortschritte zeigt, beharrt man je nach seinen Fähigkeiten oder seiner momentanen Verfassung auf dem einen oder anderen Hindernis.

Abseits vom Hufschlag plazierte Hindernisse

Bis jetzt haben wir das Problem vereinfacht, indem wir die Hindernisse auf dem Hufschlag aufstellten, damit das Pferd, zwischen Ausbilder und Wand eingerahmt, nicht auszubrechen versuchte.

Sobald es auf diese Weise Ruhe und Geschick bewiesen hat, kann man die Hindernisse in der Mitte der Reitbahn aufstellen. Dies setzt

Abb. 15: Dieses kleine Pferd (Stockmaß 1,56) erbrachte in Flachrennen nur ungenügende Leistungen und zeigte sich ungeschickt in Hürdenrennen. Hier springt es 1,40 m aus dem versammelten Galopp auf einem Zirkel von ca. 6 m Durchmesser, und zwar nach nur 2 Monaten Longentraining.

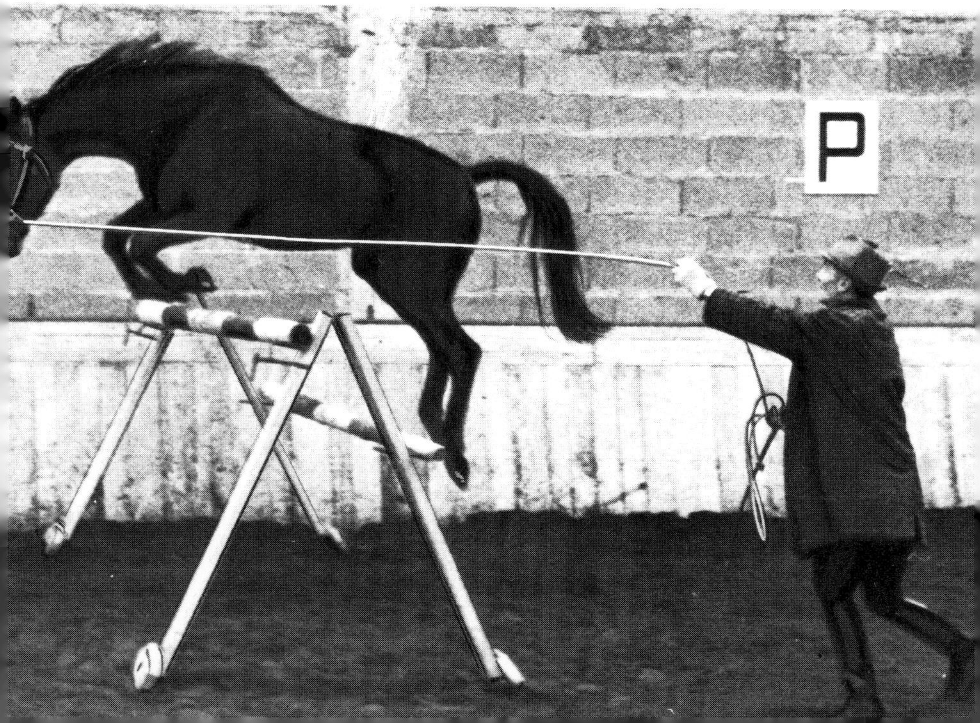

die vollkommene Beherrschung der Übergänge von Volten und Geraden voraus, wie wir sie beschrieben haben (Abb. 16).
Bevor das Pferd während einer Lektion ein Hindernis zum ersten Mal springen soll, muß es dieses kennenlernen. Zu diesem Zweck läßt man es in der Nähe des Sprungs auf einem Zirkel traben und dabei auf jeder Seite tangential daran vorbeigehen. Dann führt man es von weitem in seiner Achse wieder darauf zurück. Es soll im Schritt so nahe am Hindernis vorbeigehen, wie es seine Ruhe und seine Fügsamkeit erlauben. Schließlich bringt man es vor dem Hindernis wieder im Trab auf die Volte und läßt es wie gewohnt springen. Es darf sofort nochmals springen oder zuerst ein paar Volten in der Mitte der Reitbahn ausführen.

Abb. 16: Ausgezeichnetes Springpferd. Seine Ruhe und Fügsamkeit an der Longe erlaubt es ihm, ohne Ermüdung einen ganzen Parcours zu springen. Ein paar Monate zuvor war es an der Longe kaum zu bändigen.

Dieses Vorgehen bewirkt, daß das Pferd ruhig bleibt, aufmerksam auf die erwarteten Befehle horcht und ihnen sofort, aber ohne unnötige Hast nachkommt.

Springen über zweifache Hindernisse

Nachdem sich das Pferd gut an das Springen der beiden oben beschriebenen Hindernisse gewöhnt hat, kann man sie kombinieren, damit sie nacheinander in einem Doppelsprung genommen werden.

Natürlich beginnt man auf geringer Höhe, wobei der Oxer rund 20 cm tiefer als die einfache Stange sein soll.

Wird der Oxer zuerst gesprungen, muß das Pferd, das sich für diesen Sprung streckt, wieder ins Gleichgewicht kommen und sich versammeln, um sich für den Steilsprung aufzurichten. Umgekehrt muß es, nachdem es über die einfache Stange basculiert hat, sich über dem Oxer strecken. Diese Sprünge stellen ausgezeichnete Gleichgewichtsübungen dar.

Der Abstand zwischen den beiden Hindernissen wird recht kurz bemessen (6-7 m je nach Pferd). In Richtung Oxer – Steilsprung soll er prinzipiell größer sein als umgekehrt. Nachdem das Pferd schließlich das Springen dieser beiden Hindernistypen völlig beherrscht, soll es lernen, ohne Furcht die verschiedensten Arten zu springen.

2. Springarbeit im Galopp

Die Trabarbeit über Hindernisse bildet die Grundlage für das Einspringen des Pferdes. Sie muß über mehrere Monate ausgedehnt und in regelmäßigen Abständen wieder aufgegriffen werden.

Die schwierigere Aufgabe – das Springen im Galopp – darf nicht begonnen werden, bevor das Pferd die Versammlung im Galopp auf der Volte beherrscht. Dies wird durch die Tatsache begründet, daß das Pferd jeweils erst nach Ablauf eines vollen Galoppsprungs abheben kann, d.h. ca. alle 3,5 m. Im Trab hingegen kann es dies auf der einen oder anderen Diagonalen tun, was einer halben Bewegungsphase entspricht, also rund 1,25 m. Es hat somit im Trab mindestens zweimal so viele Chancen wie im Galopp, richtig an

das Hindernis heranzukommen. Das korrekte Angehen im Galopp bedarf einer viel längeren und systematischeren Vorbereitung und muß anfänglich auf einer kurzen Aktion beruhen.
Zur Einführung in diese Lektion stellt man eine einfache Stange (von maximal 1 m Höhe) auf dem Hufschlag in der Mitte der kurzen Wand der Reitbahn auf.
Wir nehmen an, daß das Pferd in der Ecke versammelt angaloppiert und auf der Volte versammelt weitergaloppieren kann. Man läßt es in der Ecke zwei oder drei Volten ausführen und nähert es allmählich dem Hindernis. Bleiben die Bedingungen günstig, d. h. hält es Ruhe, Kadenz und Schwung aufrecht, läßt man es springen. Sein Schwung wird drei oder vier Galoppsprünge vor dem Hindernis mit Zungenschnalzen und durch Anheben der Longierpeitsche unterstützt.
Wenn das Pferd vor dem Sprung auf der Volte nicht versammelt und ruhig galoppiert, wiederholt man die Lektion des Galopps in der Ecke, wenn möglich abseits vom Hindernis, damit es nicht durch dessen Anblick abgelenkt wird. Natürlich beginnt man auf jener Hand, auf der das Pferd leichter galoppiert.
Sobald der Schüler im Springen an der kurzen Wand Routine bekommen hat, plaziert man das Hindernis an der langen Wand und schließlich abseits vom Hufschlag.
Wo auch immer das Hindernis steht, muß das Angehen durch versammelten Galopp auf der Volte peinlich genau geübt werden.
In bezug auf die Abwechslung der Hindernisse wickelt sich die Folge des Springtrainings im Galopp genau gleich ab wie im Trab. Zudem darf das Springen im Trab nicht unterbleiben, weil es unsere Garantie ist für Ruhe, Präzision und Stil.
Schließlich werden Sprünge im Galopp unter dem Reiter erst dann ausgeführt, wenn er das Pferd an der Hand vollkommen beherrscht.

Bemerkungen von sehr großer Bedeutung

Ich habe erwähnt, daß die Longenarbeit für das Einspringen des Pferdes als Übung dem Training in Freiheit vorzuziehen ist. Sie erlaubt es, die besten Voraussetzungen zu schaffen für den eigentlichen Sprung, weil man eine wirksame Kontrolle über das Pferd und seine Gangarten, über Geschwindigkeit, Schwung, Gleichgewicht und Einrahmung ausüben kann.
Es ist ganz klar, daß der Ausbilder beim Beginn dieser Arbeit nicht in der Lage sein wird, optimale Bedingungen für das Angehen des Hindernisses zu garantieren, wenn er das Pferd nicht unabhängig von der Hindernisarbeit durch entsprechende Vorübungen gewissenhaft vorbereitet hat.
Ich habe sehr oft Reiter gesehen – darunter auch gute -, die ihre Pferde an der Longe springen lassen, ohne sich auch nur einen Gedanken darüber zu machen, daß das Pferd nur dann an das Hindernis herangeführt werden sollte, wenn die günstigsten Bedingungen zum Sprung erfüllt sind. Wenn aus diesem Grund das Pferd schlecht springt oder gar verweigert, wird es scharf bestraft, während sie selbst die Rüge verdienten. Das arme Pferd, das gewillt war, gut zu springen, dies aber nicht konnte, wundert sich, warum es zurechtgewiesen wird. Es wird nervös und büßt mit seinem Vertrauen gleichzeitig einen Teil seiner Fähigkeiten ein. Auf die Dauer wird es widerspenstig oder unbändig und völlig ungeschickt.
Reiter, die alles wissen, ohne jemals etwas gelernt zu haben, solche, die Anstrengung, Wiederholung, hartnäckige und systematische Arbeit scheuen, entwickeln sich nie zu guten Ausbildern, weil sie die Anforderungen der korrekten Ausbildung des Pferdes unterschätzen. Ob bei der Arbeit in Freiheit, an der Hand oder unter dem Sattel, wird ihnen immer das unumgängliche Verständnis für das Pferd – das Pfand für den Erfolg bei der Ausbildung – fehlen. Sporadische Erfolge mit außergewöhnlichen Pferden oder mit solchen, die jemand anders geschult hat, legen kein gültiges Zeugnis ab von den Fähigkeiten solcher Ausbilder.

Schlußfolgerung

Am Schluß dieses Buches müssen wir uns die Frage stellen, weshalb dem Longieren mit solcher Indifferenz, ja sogar mit einer gewissen Herablassung begegnet wird. Es gibt doch Abhandlungen anerkannter Fachleute über die Reitkunst*, die es nicht nur als ein interessantes Hilfsmittel betrachten, sondern als eines, das in der Ausbildung des jungen Pferdes und beim Einspringen des erwachsenen Pferdes geradezu unentbehrlich ist.

Ich habe die Zeit erlebt – sie liegt noch nicht so weit zurück – wo das Reiten weitgehend eine militärische Angelegenheit war. Das Zureiten und Ausbilden wurde im Hinblick auf reiterliche Disziplinen, in denen sportliche Konkurrenzen noch kaum berücksichtigt wurden, kollektiv durchgeführt. Die systematische Longenarbeit, die gezwungenermaßen individuell ausgetragen werden muß, war das Anliegen einer Elite, die allgemein an Konkurrenzen teilnahm, oder blieb für ganz besondere Gelegenheiten reserviert.

Mit der Mechanisierung der Kavallerietruppen hat die Reiterei sowohl einen individuellen Charakter angenommen, der das Ausbilden von Pferden in einer Gruppe ausschließt, als auch eine sportliche Seite, die ein Training in Kleinarbeit erfordert, um zum Ziel zu gelangen.

Tausende von Reitern, die heute mit dem Erfolg liebäugeln, lösen die kleine, auserwählte Elitetruppe von einst ab, für die Dressur geradezu ein obligatorischer Ritus war.

Kann man nicht teilweise die allgemeine Senkung des Niveaus in der Disziplin Springen der Vernachlässigung der systematischen Longenarbeit zuschreiben? Meinerseits bin ich davon überzeugt, habe ich doch oft die Genugtuung erlebt, störrische Pferde, die für den Springsport als hoffnungslos galten, an der Longe zu korrigieren.

Oft auch durfte ich mit Befriedigung feststellen, daß gewisse Reiter, deren skeptische Blicke mich bei der Longenarbeit verfolgten, sich

** Ecole de Cavalerie (La Guérinière); Equitation Académique (General Decarpentry); Gymnasium des Pferdes (Steinbrecht).*

sehr erfolgreich mit ihr auseinanderzusetzen begannen. Aus diesem Grund habe ich beschlossen, das vorliegende Buch zu schreiben. Dabei dachte ich an all jene, die den Weg zum Erfolg suchen, zu dem jedes Pferd im Rahmen seiner Möglichkeiten beiträgt, wenn es nur richtig verstanden und auf intelligente Weise ausgebildet wird. Sollten bei gewissen Leuten noch Zweifel bestehen, wiederhole ich die Ratschläge von Oberst Haentjens, die Colonel Gudin de Vallerin in seinem vortrefflichen Werk *Obstacle* zitiert:

»Versuchen Sie es doch .... Sie glauben nicht daran? Versuchen Sie es trotzdem! .....«

»Sie wollen also keinen ernsten Versuch unternehmen. Nun gut, so bleiben Sie halt in Ihrem Schlamassel.«

ANHANG

Das stetig wachsende Interesse an allem, was mit Pferden zu tun hat, ergab in letzter Zeit zahlreiche neue Anregungen: Reiterferien, Ferien im Zigeunerwagen, Reiterspiele für Ponys, therapeutisches Reiten für Behinderte usw.
Wäre es nicht nützlich und interessant, an die Einführung des Longengebrauches in die Reihe der verschiedenen reiterlichen Tätigkeiten zu denken?
In diesem Zusammenhang möchte ich zwei Vorschläge machen:

1. Vorstellung von jungen Pferden an der Longe

Materialprüfungen für Dreijährige. Gegenwärtig umfassen diese Konkurrenzen eine berittene Vorstellung in den drei Gangarten und ein Vorführen an der Hand im Schritt und Trab.
In den meisten Fällen sind die Jungtiere kurz zuvor von der Weide geholt worden; junge Reiter ohne Erfahrung oder vermeintliche Könner mit mehr oder weniger Fähigkeiten und ständiger Eile bringen sie noch rasch unter den Sattel.
Natürlich folgen darauf Präsentationen, die eher dem Reiten von wilden Tieren gleichen sowie eine Bewertung der Gangarten, die sehr vom Zufall abhängt.
Die Vorstellung an der Hand im Trab wird vom unzeitigen Einsetzen der Bahnpeitsche begleitet, was die jungen Pferde erschreckt, den Rhythmus ihrer Gangart stört und oft bewirkt, daß sie quer zur Marschrichtung gehen.
Eine Prüfung an der Longe dürfte in erster Linie beim Züchter das Interesse für diese vernünftige Art der Ausbildung des Fohlens wecken. Jene, die selber nicht reiten – sie sind übrigens in der Mehrzahl –, fänden hierin ein Mittel im Rahmen ihrer Möglichkeiten, ihre Jungtiere frühzeitig und mit sinnvoll dosierten Fortschritten vorzubereiten. Die Pferde ließen sich dann ruhig, gehorsam und mit regelmäßiger Aktion an diesen Prüfungen vorstellen, was wiederum der Jury erlaubte, ein viel besser fundiertes Urteil auszusprechen.
Eignungsprüfung für Springpferde. Auch hier wären Prüfungen von Jungtieren an der Longe von größtem Interesse. Jeder Reiter müßte

den Wert dieser grundlegenden Vorbereitung zum Hindernisspringen erkennen. Sie hätte auch zur Folge, daß diese Ausbildungsphase für Jungpferde in den Händen von nichtreitenden Züchtern gewährleistet werden könnte. Letztere hätten ferner die Möglichkeit, an diesen Konkurrenzen ihre Produkte selbst vorzuführen. Prüfungen dieser Art wären einer größeren Zahl von Züchtern zugänglich und würden gleichzeitig das Aufdecken von gelegentlich verkanntem Talent erleichtern.

2. Springkonkurrenzen an der Longe

Pferde, die das beschriebene Programm in der Ausbildung durchlaufen haben, könnten ihren neuen Besitzern gleichzeitig eine Eignungsgarantie sowie den Vorteil einer Dressurgrundlage bieten. Diese Voraussetzungen lassen alle Wege offen, der Besitzer muß nur die Richtung einschlagen und die Karriere seines Pferdes bestimmen, indem er die begonnenen Lektionen fortführt.

Sicher möchte er wissen, was sein Pferd an der Longe leisten kann, und mancher würde mit dieser Arbeit weiterfahren, wenn man sich zur Einführung von Springkonkurrenzen an der Longe entschließen würde. Letztere verfolgten gleichzeitig zwei Ziele, nämlich den Beweis der Beherrschung des Hindernisspringens sowie eine ausgezeichnete Übergangsübung zu den klassischen Prüfungen unter dem Sattel. Sie hätten zudem den gewaltigen Vorteil, die jungen Pferde behutsam zum Springen unter dem Reiter vorzubereiten, indem sie in lebhafter und vernünftiger Art eingesprungen würden. Die Verwirklichung eines Parcours für solche Prüfungen wäre für einen Parcourschef ein leichtes Spiel, auch wenn er mit der Longenarbeit wenig vertraut ist. Als ersten Anhaltspunkt sollten nur Hindernisse ohne vorstehende Ständer aufgestellt und auf einer recht beschränkten Fläche (nicht mehr als 20 m auseinander) verteilt werden. Zwischen jedem würde eine obligatorische Volte eingeschaltet, damit Reiter, die auf Schnelligkeit aus sind, dadurch nicht im Vorteil wären.

Es ist ganz offensichtlich eine Frage der Zeit und der Erfahrung, bevor ein genaues und verbindliches Reglement erstellt werden kann. Die für Pferdezucht und Reitsport verantwortlichen Stellen dürfen gegenüber Mitteln und Wegen zur Hebung des Niveaus der

Reiterei nicht gleichgültig bleiben. Würde es nicht von besonderer Einsicht zeugen, wenn sie die Verwirklichung dieser Vorschläge unterstützten? Falls sie dies aber unterlassen, ist es nicht verboten zu hoffen, daß Reitvereine die Initiative selber ergreifen werden.

Der Gogue-Hilfszügel und sein Gebrauch

Prinzip und Wirkung

Das Prinzip des Gogues ist einfach: Er besteht im wesentlichen aus einem beweglichen Dreieck-System zwischen Brust (P), Genick (N) und Maul (B), das entweder in sich geschlossen ist (unabhängiger Gogue) oder über die Hand (M) läuft (geführter Gogue). Seine Hauptkraft wirkt auf das Genick und führt zur Senkung des Pferdekopfes und zur Dehnung der Oberlinie, was den Einsatz des Rückens und das Heranstellen der Hinterhand nach sich zieht.
Wo der Gogue auf Genick und Maul des Pferdes einwirkt, bewegt er sich durch Ringe, während er an der Brust fixiert ist.

Anwendungsmöglichkeiten

Verschiedene Kombinationen sind möglich. Sie werden mit den entsprechenden Befestigungsarten durch die folgenden Skizzen illustriert.
Die Trense soll am besten von mittlerer Dicke sein; die Ringe müssen auf alle Fälle groß genug sein, damit die Riemen leicht gleiten.
Hier sind die Hauptmerkmale dieser Kombinationen:

Von der Hand unabhängiger Gogue

Er eignet sich für alle Arten von Arbeit, in Freiheit, an der Longe oder unter dem Sattel.
Seine Wirkung hängt einzig von der Haltung des Pferdekopfes ab, die er ohne jegliches Eingreifen des Trainers oder Reiters kontrolliert; die anfängliche Einstellung des Hilfszügels bestimmt die gewünschte korrekte Haltung.
Wichtig ist der Hinweis, daß im Gegensatz zu allen anderen Hilfszügeln (wenn diese nicht ganz locker geschnallt sind), der unabhängige, normal eingestellte Gogue erlaubt, das Pferd ohne jegliche Behinderung springen zu lassen.

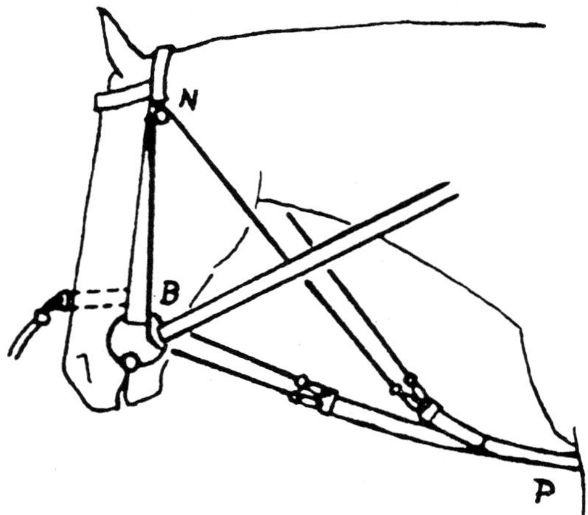

»Unabhängiger« Gogue

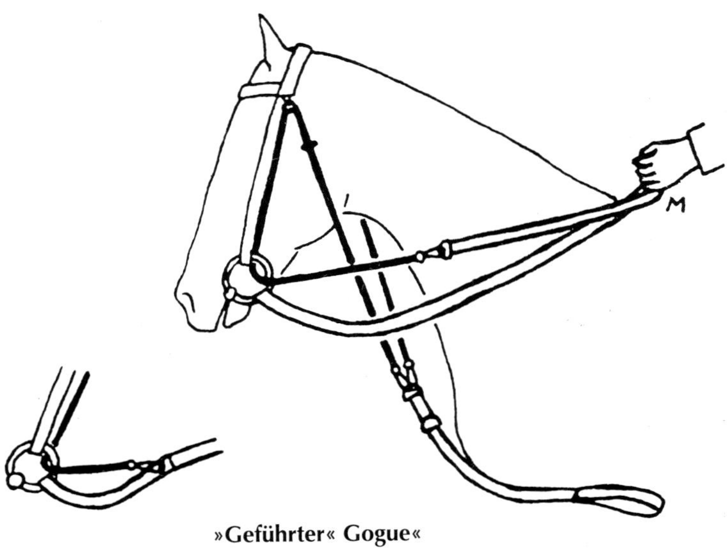

»Geführter« Gogue«

Von der Hand geführter Gogue

Er wird ausschließlich in der berittenen Arbeit eingesetzt und erlaubt dem Reiter, vom Sattel aus den Hilfszügel zu betätigen, um die Haltung des Pferdes zu beeinflussen.

Der geführte Gogue kann auf drei verschiedene Arten gebraucht werden:

Als Doppelzügel: Hier ist der erste Zügel mit dem Hilfszügel verbunden und muß kürzer sein als der Trensenzügel (ca. zwei Drittel von dessen Länge), und der zweite ist der Trensenzügel.

Als einfacher Zügel (»Canter«-Schnallung): Man verwendet die normalen Zügel, auf denen ca. 35 cm vom Ende zwei Ringe angebracht sind, wo die Riemen des Hilfszügels eingehakt werden.

Mit Stoppern: Für diese Anwendungsart macht man in beiden Riemen ca. 10 cm von ihrer Mitte und auf der Brustseite je einen Knoten.

Einwirkungsweise

Im Gegensatz zu anderen Hilfszügeln zum Senken des Kopfes (Martingal, Schlaufzügel, Ausbindezügel mit oder ohne Gummiringe), die ausschließlich auf das Maul des Pferdes und von oben nach unten wirken (d. h. auf die Kinnladen), übt der Gogue keinerlei schmerzende Aktion auf das Pferdemaul aus. Dieser besondere Vorteil beruht einerseits darauf, daß die senkende Kraft nur auf das Genick wirkt, und daß andererseits der Einfluß auf das Maul weich ist, weil die Riemen durch die Ringe gleiten (und nicht wie beim Chambon fixiert sind.). Zudem verläuft die Kraft in Richtung Reiterhand. Die Trense wirkt somit weich auf die Maulwinkel ein.

Sobald schließlich das Pferd der senkenden Wirkung des Gogues nachgibt, löst es den Hals, der sich strecken kann, ohne daß der Kontakt der Hand mit dem Pferdemaul unterbrochen wird. Diese kontrollierte Freiheit fördert die Beweglichkeit der Schultern und trägt zur Streckung der Bewegung bei. (Im Gegensatz dazu rollt das Pferd mit den oben erwähnten Hilfszügeln den Hals ein und verkriecht sich: Es hält sich fest und bekommt einen steifen Gang.)

Beim geführten Gogue wird diese Streckung erzielt, ohne daß sich die Hand bewegen muß. Die Hand gibt demzufolge automatisch nach, sobald sich das Pferd losgelassen hat.

Im weiteren zeichnet er sich durch eine sehr wichtige und besondere Eigenschaft aus: Der Kontakt zwischen Hand und Pferdemaul bleibt immer bestehen.
Das Geheimnis der Könnerhand liegt in diesen beiden exklusiven Merkmalen des Gogues verankert. Deshalb trägt dieser Hilfszügel so schnell dazu bei, dem Pferd wieder Vertrauen in die Hand zu geben.

Anwendung

Das Pferd lernt die senkende, auf das Genick wirkende Kraft kennen.
Das Hauptprinzip des Gogues besteht in der Kraft, die auf das Genick des Pferdes wirkt, ein Effekt, der ihm weitgehend unbekannt sein dürfte. Wir gehen folgendermaßen vor, um es rasch damit vertraut zu machen:
Am besten benützt man den geführten Gogue oder entfernt die vorderen Karabinerhaken am unabhängigen Gogue.
Man stellt sich gerade vor das Pferd hin und faßt mit jeder Hand einen der Riemen des Abschnittes N – B gleich unter den Ringen des Kopfstückes.
Ohne brüske Bewegung zieht man mit Gewicht senkrecht in Richtung Boden daran. Sobald das Pferd den Kopf ein wenig senkt, gibt man nach und lobt es. Dies wird mehrere Male wiederholt, um stufenweise die maximale Senkung des Kopfes zu erreichen.
Man wiederholt diesen Vorgang am Anfang oder im Verlaufe der Arbeit so oft, bis das Pferd vollständig auf die Aktion des Gogues nachgibt und den Hals streckt, ohne die Nasenspitze zu weit zurückzunehmen.

Arbeit in Freiheit oder an der Longe

Auf diese Weise sollen wir beginnen, das Pferd an die Ausbildung mit dem Gogue zu gewöhnen. Man benutzt dazu den unabhängigen Gogue. Um beim Longieren die positive Wirkung des Gogues in keiner Art zu stören, z. B. durch einen Kontakt der Longe mit dem Gebiß, fügt man dem Zaum noch ein (klassisches) Nasenband bei, das die Aufgabe eines leichten Kappzaumes erfüllt und in das man die Longe (am besten eine 10-12 mm dicke Leine von 6-7 m Länge) einhakt.

Man stellt den Hilfszügel so ein, daß das Pferd im Schritt mit gestrecktem Hals das Genick gerade unter der Horizontalen zum Widerrist trägt.
Im Verlaufe dieser Arbeit erkennt man, daß der Gogue das Pferd gehorsam und korrekt vorwärtsgehen läßt, daß er ihm erneut Vertrauen schenkt in das Gebiß (Ruhe), daß das Pferd durch Heranstellen der Hinterhand den Schwung verbessert (Vorwärtsschub), daß es in der Bewegungsachse eingerahmt wird (Stellung), daß es sich gelöst und mit kadenzierter und großer Aktion bewegt (Leichtigkeit).
Nach einer gewissen Zeit stellen wir vor allem in der Nierengegend eine beachtliche Entwicklung der Muskulatur fest.

Arbeit unter dem Reiter

Sobald sich das Pferd gehorsam in Freiheit arbeiten oder longieren läßt, kann man beginnen, den Gogue für die berittene Arbeit einzusetzen.

Unabhängiger Gogue

Es ist sinnvoll, mit dieser Kombination anzufangen, weil das Pferd sie kennt und der Reiter sie nicht erst handhaben lernen muß, da der unabhängige Gogue ohne sein Dazutun funktioniert. Man kann die in der nicht-berittenen Arbeit verwendete Einstellung beibehalten. (Die Mehrzahl der Reiter, denen die tiefe Kopfhaltung des Pferdes nicht paßt, stellen den Gogue zu lang ein.)
Der Reiter lenkt das Pferd auf ganz normale Art mit Hilfe der Trensenzügel. Er achtet sorgfältig darauf, in langsamen und kadenzierten Gangarten die maximale Streckung in der Vorhand aufrechtzuerhalten. Er wird sogleich einen bequemeren Sitz feststellen und bemerken, mit welcher Leichtigkeit das Pferd in den Wendungen in Stellung geht.
Es ist aber notwendig, den Reiter darauf hinzuweisen, daß die durch den Gogue im Pferd hervorgerufene Lockerung ihm nicht nur die Zügelführung erleichtert, sondern ihn geradezu zwingt, sich mit dem Trensenzügel nicht zu verkrampfen. Falls der Reiter, der gewöhnt ist, sich am Pferdemaul festzuhalten, dies nicht realisiert, riskiert er, daß ein großer Teil der positiven Wirkung des Gogues

verlorengeht, und daß sich das Pferd hinter dem Zügel verkriecht (es wäre ungerecht, dies dem Gogue anzulasten).
Sofern dieser Hinweis beachtet wird, stellt der unabhängige Gogue die am besten geeignete Kombination für die Mehrzahl von Pferden und Reitern dar. Sie erlaubt, alle reiterlichen Disziplinen völlig problemlos auszuüben; weil das Pferd gelöst und in korrekter Haltung geht, ist es vollkommen fügsam.

Geführter Gogue

Als Doppelzügel: Diese Kombination ist für den sorgfältigen Reiter am angenehmsten, weil sie ihm vom Sattel aus die verschiedensten Variationen ermöglicht.
Wir wollen nochmals in Erinnerung rufen, daß die Einstellung der Hilfszügel die Hebung des Pferdekopfes beschränken, während jene der normalen Trensenzügel die Streckung des Halses begrenzen.
Um daher eine tiefe, gestreckte Haltung zu erreichen (Geländereiten), verkürzt man die Hilfszügel und verlängert die Trensenzügel, während man für eine aufgerichtete Haltung (Bahnreiten) erstere ein wenig lockert und letztere kürzer faßt.
Ist einmal jeder Zügel in bezug auf eine bestimmte Kopfhaltung eingestellt, übernehmen die Trensenzügel die Lenkung, und die Hilfszügel überwachen die Haltung.
Am besten faßt man die Zügel dazu wie folgt:
Die Zügel werden mit beiden Händen gehalten, und zwar so, daß der Hilfszügel unter dem kleinen Finger und der Trensenzügel zwischen dem kleinen und dem Ringfinger durchläuft. Das Ende beider Zügel kommt zwischen Daumen und Zeigefinger heraus.
Das Pferd wird am Trensenzügel mit Hilfe des Ringfingers gelenkt; sobald es versucht, über dem Zügel zu gehen, setzt der Reiter mit Hilfe des kleinen Fingers den Gogue ein, so daß der Hilfszügel gespannt wird. Diese Wirkung stellt das Pferd in korrekter Haltung wieder an die Hilfen.

Hindernisarbeit

Der Gogue ist besonders wertvoll, um den Stil des Pferdes am Hindernis zu verbessern. »Er läßt das Pferd rund springen und übt einen äußerst positiven Einfluß aus« (Cdt. Brousseau).

Der Gebrauch des unabhängigen Gogues am Hindernis, in Freiheit, an der Longe oder unter dem Sattel erfordert nach obigen Hinweisen keine zusätzlichen Worte mehr: So wenig wie möglich eingreifen und den Gogue für das Pferd die günstigste Haltung herbeiführen lassen. Das gleiche gilt für den Gogue in Canter-Schnallung oder mit Stoppern. Wie schon oben erwähnt, stellt man für den als Doppelzügel geführten Gogue den Hilfszügel so ein, daß die Haltung beim Anreiten des Hindernisses gut kontrolliert ist und verlängert die Trensenzügel, damit das Pferd über dem Hindernis den Hals ungestört strecken kann. Die Hände werden sodann fixiert.